contemporanea | duecentoventitre

Giulio Sapelli

Elogio della piccola impresa

il Mulino

ISBN 978-88-15-24161-0

Indice

Introduzione

La scelta compiuta in questo libro è quella di affrontare il tema della piccola impresa in Italia, su cui vi è un'ampia discussione, intendendo tale impresa come componente essenziale della società civile e distinguendola dalle forme del lavoro autonomo comunemente inteso. Le piccole imprese e le imprese artigiane, che definirò qui di seguito, altro non sono che una parte della foresta industriale e dei servizi che dà forma al settore manifatturiero italiano a fianco delle grandi e delle medie imprese; costrutti sociali, questi ultimi, profondamente diversi dalle imprese piccole e artigiane e altresì dal lavoro autonomo, che si esercita con la proprietà dei mezzi di produzione ma senza essere datori di lavoro e che quindi impresa non è.

Penso sia essenziale, in questa sede introduttiva a un testo che è il frutto di non poche fatiche, che io enunci chiaramente quale sia la tesi interpretativa proposta e che trovo altresì bene espressa nelle interviste da me costruite con una serie di piccolissimi e piccoli imprenditori che ritengo rappresentativi, in senso qualitativo, del mondo culturale dell'impresa oggetto di studio.

Esiste indubbiamente un potente e variegato lavoro di ricerca analitica sulla piccola impresa in Italia. L'esponente più fecondo, a parer mio, di questa felice volontà analitica è senza dubbio alcuno Andrea Colli, il quale, nei suoi bei lavori[1], ha efficacemente descritto e offerto uno schema analitico alla ricerca storiografica su questa tipologia di impresa.

La mia tesi sottolinea – assai diversamente da tutte le altre interpretazioni – il carattere costitutivamente pre-economico, sociale, antropologico, della piccolissima e piccola impresa. Più che un attore economico, essa è un testimone vivente del passato agrario e della mobilità sociale ascendente delle classi non agiate della società, nel senso in cui intendeva questo processo Theodor Geiger[2]. Essa ha naturalmente degli strumenti di regolazione di tipo economico della logica razionale e strumentale che non può non possedere operando in una società capitalistica, ed è sovradeterminata, quindi, dal raggiungimento del profitto. Ma sono il modo, il contesto, le forme relazionali con cui raggiunge questo profitto e costruisce quella stessa logica strumentale che fanno sì che essa sia profondamente diversa dalla media e dalla grande impresa. La mia tesi, infatti, è che la piccolissima impresa, l'impresa artigiana, sia più vicina a una comunità che a una società organica. Tönnies[3] viene prima di Durkheim[4] e la differenza di ruolo che fonda la divisione sociale moderna in essa non è presente se non in minima parte: quella che consente a questo specialissimo costrutto sociale di vincere la competizione, di vivere e di sopravvivere. Ma è la solidarietà meccanica che fa premio su tutto: è l'essere continuità della famiglia come *oikos*, come unità economica e biologica insieme; e tutto ciò – che altro non è che antropologia – crea la sua specificità, la specificità della piccolissima e piccola impresa, dell'impresa artigiana. Vado oltre. Affermo che tutto questo è la ragione del suo successo e non, come fanno i più, della sua mortalità. Quante imprese grandi sono morte e quante medie stentano a vivere come a morire? Questa sconosciuta forma d'impresa vive e continua a vivere e a crescere come rappresentazione della quantità di stelle che il firmamento economico, in tutto il mondo, possiede, come ho dimostrato in un mio lavoro più generale[5] di questo che qui presento. Essa si fonda sulla persona e quindi sulla fiducia, sull'inesauribile flessibilità di cui persone e famiglie sono capaci pur tra mille errori. E questo perché esiste volta a volta una sorta di omeostasi con il mercato e la politica insieme che il nostro costrutto sociale forma e riforma tra economia e mondi vitali. Per questo non cresce. Perché essa si costituisce prima e fuori dal mercato. Nel mercato agisce, certo, ma da esso si difende se si attenta alla sua costitutività personale e familiare: vuole conservare se stessa. Certo può crescere, ma allora piccolissima impresa artigiana o piccola impresa non è più. È altra cosa, altro costrutto economico-sociale. Diviene fondato sul ruolo, sulla prevalenza della delega e quindi di un ordine di ruoli indipendenti dalle persone, come ci ha insegnato Alfred Marshall nelle sue geniali opere preveggenti[6]. Per questo il mio libro si colloca fuori dalla vulgata prevalente. Nobile e ispirata da buoni propositi ma lontana dalla realtà e dalla scienza. Non è necessario crescere per vivere e per fare profitti e neppure la globalizzazione nella crisi mondiale confuta tale mia tesi. Anzi, il fatto che questa specifica forma sociale continui a vivere e operare nell'interdipendenza delle economie e delle tecnologie mutando per quel che a essa serve per sopravvivere, dimostra che è in questa alterità che risiede il segreto della vitalità dell'impresa artigiana e piccola rispetto alle altre forme di vita delle popolazioni organizzative che in guise molteplici costituiscono i batteri vitali dei liquidi amniotici del moderno capitalismo. Di vita, di vita sociale, infatti, si tratta. Nonostante tutte le terribili crisi. Di ciò in questo libro si parlerà.

Seguo, in questo assunto che interpreta l'impresa come elemento fondante della società civile, l'insegnamento di Adam Ferguson, filosofo e storico scozzese del Settecento, ritenuto comunemente uno dei padri fondatori della sociologia economica. Il suo *An Essay on the History of Civil Society*, del 1767, rimane un punto di riferimento ineludibile. Gli uomini pervengono allo stadio della «società civile» grazie al sorgere dell'agricoltura, che determina la nascita delle leggi: infatti, alla nascita dell'agricoltura segue quella della proprietà privata, la quale dalle leggi viene protetta. Da questo intreccio tra proprietà e legge scaturisce l'impresa moderna grazie all'azione personale dell'imprenditore. La società civile è la rete di relazioni sociali che si dipanano a partire dalla costituzione della proprietà privata, di cui l'impresa è la manifestazione sociale dal punto di vista organizzativo. Il piccolo imprenditore è in primo luogo, quindi, proprietario dei suoi mezzi di produzione e creatore di rapporti gerarchici contrattuali, quale che sia la scala dimensionale degli stessi, ed è a partire da questo intreccio tra proprietà e facoltà di organizzare le tecniche e le capacità personali subordinate che l'imprenditore rende manifesta la sua personalità e trova la sua collocazione sociale.

Il Codice Civile italiano è molto chiaro a questo proposito:

Art. 2082 – È imprenditore chi esercita professionalmente un'attività economica organizzata (artt. 2555, 2565) al fine della produzione o dello scambio di beni o di servizi (artt. 2135, 2195).

Art. 2083 – Sono piccoli imprenditori i coltivatori diretti del fondo (artt. 1647, 2139), gli artigiani, i piccoli commercianti e coloro che esercitano un'attività professionale organizzata prevalentemente con il lavoro proprio e dei componenti della famiglia (artt. 2202, 2214, 2221).

A questi riferimenti civilistici va aggiunto il richiamo all'art. 230-*bis* che regola l'impresa familiare, la quale si crea ogniqualvolta un familiare dell'imprenditore presti la sua opera in maniera continuativa nella famiglia o nella stessa impresa. L'impresa familiare riceve, infatti, per la prima volta tutela nel 1975 con la riforma del diritto di famiglia. Ciò che è essenziale è comprendere la differenza, che molto spesso non è evidente, tra imprenditore e lavoratore autonomo. Il lavoro autonomo è definito dall'art. 2222 del Codice Civile, che indica quale lavoratore autonomo colui che si obbliga a compiere verso un corrispettivo un'opera o un servizio, con lavoro prevalentemente proprio e senza vincolo di subordinazione nei confronti del committente. A differenza del lavoratore subordinato, il lavoratore autonomo assume un'obbligazione di risultato e non di mezzi: egli, cioè, non si obbliga a mettere a disposizione la propria forza lavoro per un determinato tempo, ma garantisce il raggiungimento di determinati risultati. Conseguenza di diversa natura è che il lavoratore autonomo svolge la propria attività con mezzi prevalentemente propri e non del committente, e con piena discrezionalità circa il tempo, il luogo e le modalità della prestazione. Non ha, dunque, vincoli di subordinazione nei confronti del committente, il quale non ha i poteri direttivi, di controllo e disciplinari tipici del datore di lavoro subordinato. In ogni caso il prestatore di lavoro autonomo può essere obbligato al rispetto dei limiti e delle condizioni contenute nel contratto. Per il fatto di possedere i propri mezzi di produzione il lavoratore autonomo ha spiccate rassomiglianze con l'imprenditore piccolo o piccolissimo, ma rimane la rassomiglianza e non l'identità perché a esso manca la natura organizzativa delle funzioni dell'impresa, che costituiscono specificamente e distintivamente quest'ultima rispetto a tutte le altre forme di manifestazione dell'attività umana.

Fare questa sottolineatura è importante ovunque, ma in primo luogo in Italia. Il nostro paese, infatti, ha un altissimo numero di imprenditori. Se, nel 2010, si definivano imprenditori solo coloro che avevano alle loro dipendenze più di due lavoratori, di essi se ne contavano in Italia 257.000. Ma se si comprendono nella categoria di imprenditori, invece, coloro che occupano alle loro dipendenze anche un solo lavoratore, si giunge, nello stesso anno, a considerare imprenditori ben 1.524.000 persone, ampliando la platea di questa classe sociale in modo straordinario. Il lavoro indipendente individuale, nel mentre, sempre alla stessa data, contava 3.800.000 persone, contribuendo a fare dell'Italia un paese in cui il lavoro autonomo o indipendente propriamente inteso, si appartenga o meno alla piccola borghesia proprietaria, caratterizza profondamente la struttura sociale del paese. La recentissima rielaborazione dei dati ISTAT compiuta da Ivana Fellini[7] in merito alla «composizione degli occupati per posizione nella professione (percentuali del 2010)», da cui cito le cifre qui richiamate, ci dice che degli «occupati complessivi» il 74,8% si annovera tra i dipendenti, mentre gli indipendenti sono il 25,2%, cifra composta da: imprenditori l'1,1%; liberi professionisti il 5,2%; lavoratori in proprio il 15,3%; soci di cooperativa lo 0,2%; coadiuvanti familiari l'1,6%; collaboratori l'1,4%; prestatori d'opera occasionali lo 0,4%. Si noterà immediatamente che vi è, dunque, un'area di continua trasmigrazione tra lavoro autonomo e in proprio, da un lato, e lavoro imprenditoriale, dall'altro, e che quindi tutte le convenzioni statistiche sono essenziali se si vuol dare una valutazione quantitativa alla dimensione sociale della piccola impresa e della piccola borghesia che la possiede e la dirige. In questo lavoro mi atterrò strettamente all'ambito che ho sopra definito come piccola impresa e impresa artigiana per interpretare e far comprendere l'essenza del fenomeno.

È proprio per un'esigenza di maggiore comprensione che ho voluto inserire in questo lavoro, sì descrittivo, ma con forti valenze interpretative, alcuni brani di interviste cui facevo cenno all'inizio.

È necessario, per avere piena contezza del mondo imprenditoriale che qui abbiamo evocato, partire, appunto, dall'universo simbolico della persona imprenditore. Ho cercato di farlo in forma induttiva, ossia riportando, attraverso brani discorsivi, quelli che a parer mio sono i significati più salienti che possono essere tratti delle interviste medesime, cercando di non perdere nulla del carattere colloquiale di questo documento etnografico che io giudico importante per completare il mio studio con un grado di significatività adeguato all'argomento.

Mi si lasci dire, infine, che i testi parlano veramente da sé e che ogni commento da parte mia sarebbe stato veramente superfluo. L'insegnamento che ho tratto da questo lavoro etnografico e che spero traggano anche coloro che leggeranno questo libro è l'alto grado di autoriflessività, di autoconsapevolezza e di cultura, non solo industriale, che i protagonisti del mondo delle piccolissime e piccole imprese posseggono e di cui vi è troppo poca contezza.

Se tale contezza vi fosse in misura adeguata tra i decisori politici, certamente il peso istituzionale di questo mondo potrebbe positivamente influenzare, ben più di quanto oggi non accada, il destino del nostro paese.

Dopo lunghi anni di lavoro come ricercatore, formatore e independent director nella grande impresa in Italia e all'estero in continuità con il mio impegno universitario, solo da un quindicennio mi occupo di piccola impresa, soprattutto scrivendone e conoscendola «sul terreno». Pensavo che fosse troppo presto per cimentarmi in un lavoro così direttamente specifico. Alessia Graziano del Mulino mi disse che avrei potuto scrivere per la casa editrice bolognese un libro sulla piccola impresa; ed è quindi la prima persona che debbo ringraziare.

Ma qualche seme era già stato gettato nel campo del mio percorso culturale. Una svolta nella mia formazione intellettuale, infatti, avvenne grazie all'opportunità che Gianfranco Origgi mi offrì di studiare etnograficamente una piccola impresa condividendone per mesi il lavoro quotidiano di tutti i suoi attori. Da quell'esperienza sortì il mio *Persona e impresa. Un caso di etnografia aziendale*[8]: Pino Varchetta e Francesco Novara (il mio compianto – con Franco Momigliano – maestro olivettiano) ne scrissero e ne dissero così bene che fui incoraggiato a proseguire le mie riflessioni.

Ma è Cesare Fumagalli che, in questi anni di scoperta di un nuovo mondo, con i «suoi» artigiani, è stato il mio Virgilio e di questo non lo ringrazierò mai abbastanza, oltre che per l'umanità e la saggezza di cui ha infuso il suo insegnamento.

Infine, questo libro non sarebbe stato scritto senza il grande lavoro, che va accademicamente riconosciuto, di Luigi Vergallo, al quale si deve il terzo capitolo.

note

[1] Di A. Colli si vedano, *I volti di Proteo. Storia della piccola impresa in Italia*, Torino, Bollati Boringhieri, 2002 e *Capitalismo famigliare*, Bologna, Il Mulino, 2007.

[2] T. Geiger, *Studi sulla mobilità sociale*, a cura di P. Farneti, *Saggi sulla società industriale*, Torino, UTET, 1970, pp. 221-281.

[3] F. Tönnies, *Comunità e società*, a cura di R. Treves, Milano, Edizioni di Comunità, 1963.

[4] É. Durkheim, *La divisione del lavoro sociale*, a cura di A. Pizzorno, Milano, Edizioni di Comunità, 1962.

[5] G. Sapelli, *Perché esistono le imprese e come sono fatte*, Milano, Bruno Mondadori, 1999.

[6] Il riferimento principe è ad A. Marshall, *Principi di economia*, a cura di A. Campolongo, Torino, UTET, 1972.

[7] I. Fellini, *Una mappa analitica*, in C. Ranci (a cura di), *Partite IVA. Il lavoro autonomo nella crisi italiana*, Bologna, Il Mulino, 2012, tabb. 3.1 e 3.2, pp. 108-110.

[8] G. Sapelli, *Persona e impresa. Un caso di etnografia aziendale*, Soveria Mannelli, Rubbettino, 1999.

1. Le definizioni convenzionali e l'impresa concreta

Le imprese possono essere definite in vari modi, secondo i principi teorici che guidano coloro che le studiano.

Se, per esempio, uso solo un parametro di giudizio di natura organizzativa, unisco di solito nel giudizio le piccole con le medie imprese e considero tali unità produttive che possono giungere ad avere anche 250 dipendenti, purché essi siano diretti da un solo capo che coincida con l'imprenditore-proprietario. Una definizione legale, invece, non potrà fare a meno di inserire nei parametri valutativi anche il fatturato e la forma che assume il bilancio.

Nel mondo esistono molteplici definizioni di piccola impresa, ma di solito tutte non distinguono tra micro (artigiana), piccola e media impresa, ingenerando una grave confusione nella valutazione degli aggregati proprietari a finalità economica che contribuiscono alla configurazione della società civile economicamente intesa. Eppure l'OECD ha dichiarato spesso che le caratteristiche della definizione delle piccole e medie imprese (le SME) riflettono non soltanto il profilo economico, ma anche quello sociale e culturale della nazione oggetto di analisi. Di fatto, tuttavia, le organizzazioni internazionali, con le loro aggregazioni statistiche che forniscono la base di fondo per l'analisi economica, agiscono in guisa diversa, impegnandosi, in questi ultimi anni, nell'omogeneizzare nei diversi paesi i requisiti delle piccole e medie imprese sempre in forma indifferenziata. La definizione legale di piccola e media impresa nell'Unione Europea usa in primo luogo i criteri quantitativi a cui farò cenno più avanti. Negli Stati Uniti, invece, essenziale è il numero dei dipendenti, fatta eccezione nei settori che non producono beni dove si tiene conto dei volumi delle fatture annue, distinguendo il tutto per macrosettori. Mentre in Brasile differenti criteri e soglie dimensionali sono utilizzati per diversi scopi legali e fiscali, e in Giappone forza lavoro e capitale o investimenti sono determinanti per definire la stessa dimensione, e le soglie definitorie variano in base alla tipologia di attività, così come accade nella Corea del Sud. In Europa, per quel che riguarda le piccole imprese, è invalsa una definizione molto più semplice di qualsivoglia definizione accademica. Essa si è diffusa in base all'assunzione di un criterio di riferimento significativo ma «neutrale» rispetto alla teoria economica e che fa sì che esse possano essere definite in base alla loro dimensione. Le normative europee, con tutte le loro implicazioni statistiche e procedurali per quel che riguarda gli interventi economici, hanno reso significative, sul piano legislativo, le seguenti definizioni:

– è definita «piccola» l'impresa che ha meno di 50 dipendenti, un fatturato annuo non superiore a 7 milioni di euro, oppure un totale di bilancio annuo non superiore a 5 milioni di euro, e che è in possesso del requisito di indipendenza, ossia non è parte integrante di un più ampio gruppo economico che la controlla;

– è definita «media» l'impresa che ha meno di 250 dipendenti, un fatturato annuo non superiore a 40 milioni di euro, oppure un totale di bilancio annuo non superiore a 27 milioni di euro.

Questo vale per le imprese manifatturiere.

Leggermente diverso il caso delle imprese di servizi:

– è definita «piccola» l'impresa di servizi che ha meno di 20 dipendenti e un fatturato annuo non superiore a 2,7 milioni di euro, oppure un totale di bilancio annuo non superiore a 1,9 milioni di euro;

– è definita «media» l'impresa di servizi con meno di 95 dipendenti e un fatturato annuo non superiore a 15 milioni di euro, oppure un totale di bilancio annuo non superiore a 10,1 milioni di euro.

Varietà particolarissima della piccola impresa è l'impresa artigiana. Essa è un'impresa definibile come micro impresa o piccolissima impresa e ha dirette ascendenze con il lavoro personale più che con l'impresa *tout court*, ossia con l'organizzazione di fattori produttivi che richiedono l'applicazione continuativa al lavoro di più di una persona. Il modello dell'artigiano delle corporazioni medioevali, con l'apprendista che lavora, appunto, accanto al maestro, è un modello valido ancora oggi. L'impresa artigiana, infatti, se non lavora in serie, ha un massimo di 18 dipendenti, compresi gli apprendisti in numero non superiore a 9. In Italia il numero massimo dei dipendenti può essere elevato fino a 22, a condizione che le unità aggiuntive siano apprendisti. L'impresa che lavora in serie ha un massimo di 9 dipendenti, compresi gli apprendisti in numero non superiore a 5, e il numero massimo dei dipendenti può essere elevato fino a 12, a condizione che le unità aggiuntive siano apprendisti. Inoltre, per l'impresa che svolge la propria attività nei settori delle lavorazioni artistiche, tradizionali e dell'abbigliamento su misura, essa può avere un massimo di 32 dipendenti, compresi gli apprendisti in numero non superiore a 16, e il numero massimo dei dipendenti può essere elevato a 40, a condizione che le unità aggiuntive siano apprendisti. Per l'impresa di trasporto vige la particolare condizione che essa può avere un massimo di 8 dipendenti. Così come le imprese di costruzione edili possono avere un massimo di 10 dipendenti, compresi gli apprendisti in numero non superiore a 5, e il numero massimo di dipendenti può essere elevato fino a 14, a condizione che le unità aggiuntive siano apprendisti.

Proprio in considerazione di questa specificità dell'impresa artigiana, a proposito di definizioni, la Confartigianato[1], la più forte associazione italiana di rappresentanza di tali imprese, ha recentemente proposto una modificazione della definizione corrente europea: anziché parlare di *Small and Medium Enterprise* (SME) occorrerebbe parlare di *Micro and Small Enterprise* (MSE). E questo perché tale definizione rispetterebbe assai di più la configurazione demografica dell'impresa italiana, dove il 76,9% delle imprese ha un solo dipendente, il 16,7% da 2 a 5, il 3,8% da 6 a 9, l'1,9% da 10 a 15 e solo lo 0,7% da 16 o più dipendenti. Una situazione, come è noto, assai diversa da quella tedesca, per esempio, dove le rispettive percentuali in base al numero degli occupati sono il 24,7, il 35,9, il 21,9, l'11, il 6,3 e il 2,1%. Anche in Germania il dominio demografico della piccola e della micro impresa è schiacciante, ma con dimensioni meno rilevanti dell'Italia e in genere dei paesi dell'Europa del Sud.

Nel corso della mia esposizione mi permetterò, tuttavia, di usare in forma indifferenziata la formulazione «piccola impresa», comprendendo in essa tanto le piccole imprese quanto le imprese artigiane, ossia le micro imprese. Userò delle definizioni più distintive solo allorquando lo riterrò essenziale per lo svolgimento logico della narrazione. In ogni caso risulta evidente la natura convenzionale di tutte queste definizioni, che non possono mai esimerci dall'analisi concreta dell'impresa concreta.

nota

[1] CSES, *Evaluation of SME Definition*, March 2012, pp. 2-8.

2. Ondate di crescita

Le definizioni sopra ricordate non sono sufficienti a inquadrare nelle giuste dimensioni il fenomeno della piccola impresa, molto più variegato, come si è visto, di quanto non si creda. Vanno ricordate, per far ciò, le tappe evolutive del sistema delle imprese italiane. Affrontare, infatti, il problema dal punto di vista delle trasformazioni storiche di lungo periodo è essenziale.

Andrò dunque alla ricerca dei nodi esplicativi fondamentali, piuttosto che perseguire una inarrivabile perfezione statistica.

Ciò che emerge in tutta evidenza è il susseguirsi di ondate cumulative nel processo di crescita economica. Basteranno pochi dati a questo proposito per sottolineare cosa intendo dire. Nel Regno d'Italia prima e nella Repubblica poi, si contavano, al 1903, al 1911 e al 1951, rispettivamente 117.341, 243.926 e 306.970 imprese. Di esse, al 1911 e al 1951, rispettivamente 191.681 e 146.392 (una quota parte enorme) erano senza forza motrice, a documentazione dell'arretratezza e della convivenza di modernità e tradizione nel sistema delle imprese italiano e della storicità pervasiva della presenza della piccola impresa. In circa mezzo secolo, tuttavia, il sistema delle imprese cresceva di circa tre volte; fatto 100 al 1903, gli esercizi salivano al 180,7% nel 1911 e al 296,3% nel 1951, con gli occupati che passavano rispettivamente da 2.304.438 a 3.667.414 (nel 1903 erano 1.275.109)[1]. Sono queste ultime cifre da tenere presenti: esse segnalano con plastica evidenza che l'ondata cumulativa che si abbatte sul sistema italiano tra la prima e la seconda guerra mondiale è portentosa quanto a implicazioni economiche e sociali. Si tenga a mente, inoltre, che questi sono gli anni della creazione delle istituzioni dell'economia mista del nostro paese dinanzi al fallimento del capitale privato a fronte della grande depressione. E l'intervento dello Stato fu massimamente nel settore dei beni capitali e delle ex grandi banche miste e delle grandi imprese manifatturiere[2]. Ben si comprende come la questione della crescita della grande impresa strettamente si colleghi con quella della sua irreversibilità economica e sociale, ma non con la sua totale irreversibilità istituzionale, come dimostrano le privatizzazioni di questi ultimi anni. Il drastico ridimensionamento della grande impresa in Italia, avvenuto negli ultimi due decenni, mostra che essa, infatti, è ben lungi dal rappresentare un elemento costitutivo irreversibile del nostro sistema industriale, e ancor meno un meccanismo permanente di definizione delle classi sociali e degli stili di vita. Mentre, a contrario, ciò che appare irreversibile è la presenza della piccola impresa, che ha continuato a crescere in quantità. La causa fondamentale di ciò è da ricercarsi nella dinamica della crescita e dell'accumulazione capitalistica a livello mondiale, piuttosto che nazionale. Come si è ricordato[3], la dimensione media delle imprese – su scala mondiale – dagli anni sessanta del Novecento tende a scendere. Questo implica anche, come avevo già sottolineato in un mio lavoro sulle piccole e medie imprese[4], non soltanto che non tutte le opportunità della crescita possono venir sfruttate dalla grande dimensione, ma che si è di regola dinanzi sia a interventi istituzionali diretti a sorreggere la crescita delle unità produttive piccole e medie, sia a modificazioni delle rigidità tecnologiche, molto meno pervasive di quanto non fossero sino agli inizi degli anni sessanta, quando si era ancora «trascinati» dal grande ciclo del commercio mondiale dopo la congiuntura ascendente che seguì alla guerra coreana degli anni cinquanta del Novecento.

La tendenza suddetta emerge in tutta evidenza se si guarda a ciò che accadde nel 1981, quando le unità locali manifatturiere sommavano a 614.400 e gli addetti a 5.672.057, con una divaricazione drammatica tra le variazioni percentuali riscontrabili nell'ultimo decennio (cioè rispetto al 1971): crescevano del 18,1 e del 39,3% le imprese da 1 a 9 e da 10 a 99 addetti (gli occupati del 26,6 e del 24,1%), mentre scendevano dello 0,7% quelle oltre i 500 e crescevano solo del 5,3% quelle da 100 a 499 (gli occupati rispettivamente scendevano del 6,7% e salivano solo del 2,6%)[5]. Iniziava da allora un nuovo corso delle ondate cumulative.

Esse sono destinate a essere meno impetuose e soprattutto più frastagliate, intimamente sottoposte a processi di disaggregazione e di frantumazione, nella perdita della centralità sociale della grande impresa. Anche in questo caso si è dinanzi a trasformazioni tecnologiche di grande rilevanza, che hanno addirittura fatto presagire svolte epocali. O, più attentamente[6], l'emergere di un nuovo modo di produzione fondato sulla produzione snella e il passaggio da prescrizioni burocratiche a prescrizioni tecniche, nella ricerca di una flessibilità sincronica ai cambiamenti di mercato. La sostanza della questione, che ha sollevato un vastissimo dibattito che sarebbe improprio e, soprattutto, presuntuoso riproporre in questa sede, è la definitiva riclassificazione del sistema della grande impresa italiana. Essa pare non avere più la centralità sociale di un tempo: gli investimenti *labour saving* e l'immaterialità crescente delle produzioni strategiche che emigrano verso paesi a più alta redditività del capitale spiegano la sua scarsa rilevanza socioculturale.

Ecco dunque che siamo dinanzi a un nuovo corso delle ondate cumulative, caratterizzato dall'emersione piena delle piccole e medie imprese.

Esse sono, come già detto, sottoposte a processi di disaggregazione e di frantumazione. E ciò è il riflesso non tanto delle loro caratteristiche strutturali, quanto, invece, della perdita della centralità sociale ed economica della grande impresa.

E questa è una trasformazione decisiva: si disgrega un solido blocco sociale e si pongono le basi per la formazione di una società economica scossa da sommovimenti continui e da un policentrismo prima inconsueto.

Gli anni cinquanta e sessanta sono storicamente decisivi. Vediamo le conseguenze di questi cambiamenti nella situazione delle piccole imprese a partire dagli inizi degli anni settanta. Del resto è da allora che possiamo disporre di censimenti confrontabili e significativi.

note

[1] Comitato Nazionale per la Celebrazione del Primo Centenario dell'Unità d'Italia, *Un secolo di statistiche italiane. 1861-1961*, Roma, SVIMEZ, 1961, p. 331.

[2] G. Sapelli, *Dalla periferia all'integrazione europea*, in G. Sapelli, *Economia, tecnologia e direzione d'impresa in Italia*, Torino, Einaudi, 1994, pp. 14-122.

[3] B. Contini e R. Revelli, *Imprese, occupazione e retribuzioni al microscopio. Studi sull'economia italiana alla luce delle fonti statistiche INPS*, Bologna, Il Mulino, 1992.

[4] G. Sapelli, *Rappresentanza degli interessi delle piccole e medie imprese e sviluppo economico*, in G. Sapelli, *L'impresa come soggetto storico*, Milano, Il Saggiatore, 1990, pp. 94-104 e, precedentemente, in F. Ferrero e S. Scamuzzi (a cura di), *L'industria in Italia. La piccola impresa*, Roma, Editori Riuniti, 1979, pp. 122-133.

[5] CENSIS, *Dal sommerso al post-industriale: evoluzione delle piccole e medie imprese industriali negli anni settanta*, Milano, Angeli, 1984.

[6] S. Mariotti (a cura di), *Verso una nuova organizzazione della produzione*, Milano, Etas, 1994.

3. Le imprese italiane: numerosità, addetti, valori economici

Nell'arco di tempo tra il 1971 e il 2001 le micro imprese (1-9 addetti) e le piccole imprese (10-49 addetti) hanno rappresentato rispettivamente circa il 94 e il 5% del totale di tutte le imprese italiane, mentre la media e la grande impresa insieme non sono arrivate a costituire in nessuna occasione neppure l'1% del totale (fig. 1). Su un totale di imprese che passano dai 2,1 milioni del 1971 ai quasi 3,5 milioni del 2001, le micro imprese da sole rappresentano un vero e proprio esercito, costituito da 2 milioni di unità nel 1971 e 3,3 milioni nel 2001. Scrivere delle piccole

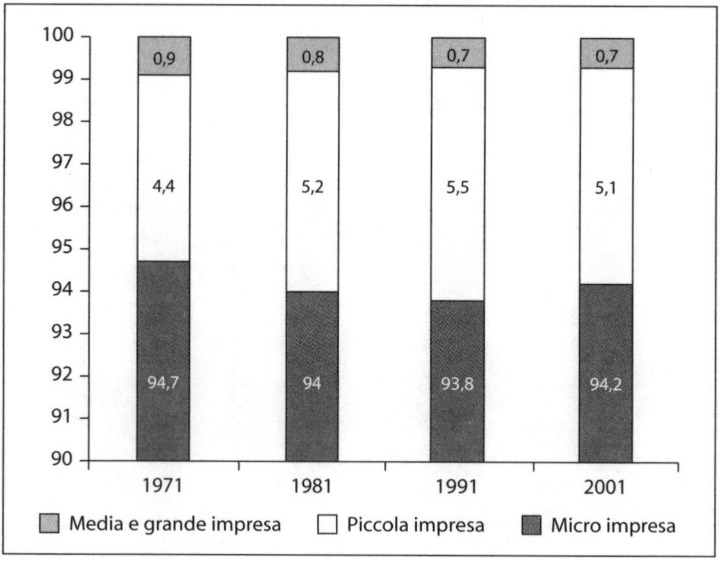

FIG. 1. Numerosità delle imprese italiane: percentuali sul totale per tipologia, 1971-2001.

fonte: Nostra elaborazione su dati ISTAT.

TAB. 1. NUMEROSITÀ ASSOLUTA DELLE IMPRESE GRANDI, MEDIE, PICCOLE E PICCOLISSIME, 1971-2001

	1971	1981	1991	2001
Grande	2.808	3.016	2.785	3.126
Media	16.753	19.103	19.480	22.770
Piccola	95.633	143.771	164.764	177.816
Micro	2.058.275	2.598.944	2.786.148	3.254.203
Totale	2.173.469	2.764.834	2.968.725	3.452.735

fonte: Nostra elaborazione su dati ISTAT.

imprese in Italia significa, quindi, scrivere delle imprese nel loro complesso, almeno dal punto di vista della *numerosità* (tab. 1).

La classe 1-9, relativa appunto alla micro impresa, è stata per tutto il periodo (1971-2001) la più numerosa, in tutte le regioni italiane.

Buona parte di queste micro imprese, fino a circa il 18%, aveva sede in Lombardia (fig. 2). Altre quote importanti si sono

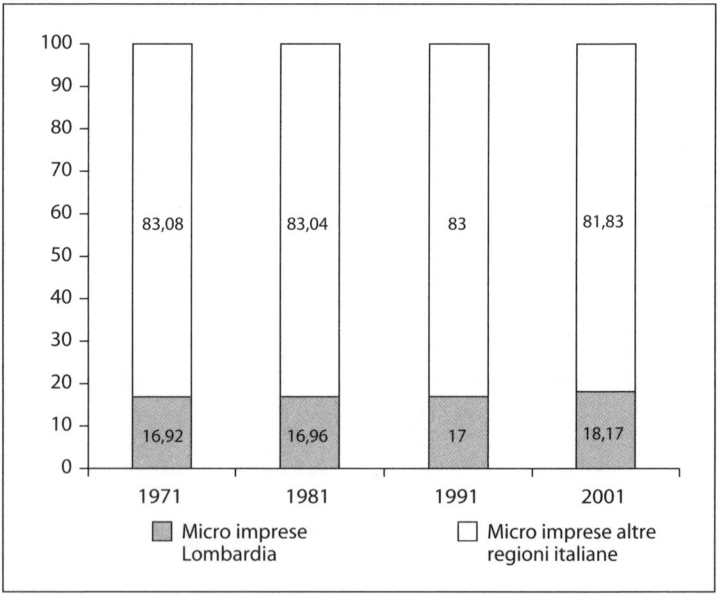

FIG. 2. Micro imprese in Lombardia: percentuali sul totale italiano, 1971-2001.
fonte: Nostra elaborazione su dati ISTAT.

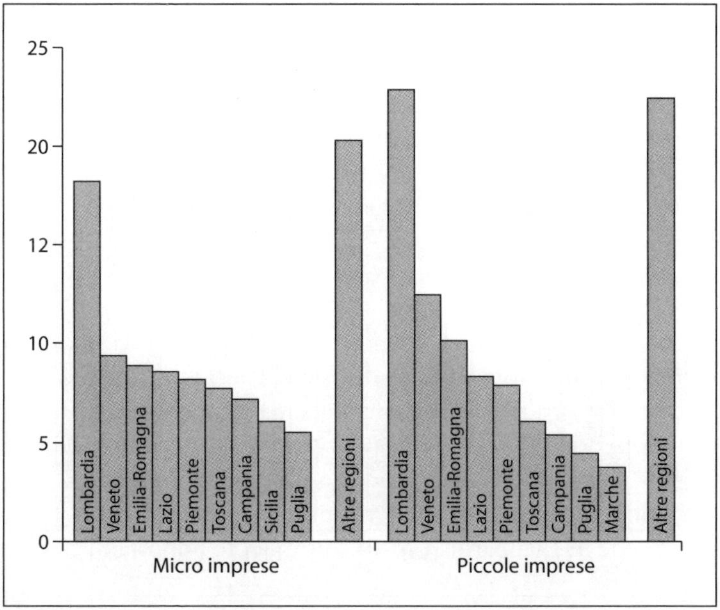

FIG. 3. Quota di micro e di piccole imprese: percentuali sul totale italiano per alcune regioni, censimento 2001.

fonte: Nostra elaborazione su dati ISTAT.

registrate, per quanto riguarda il censimento del 2001, in Veneto (9,3%), in Emilia-Romagna (8,89%), nel Lazio (8,53%), in Piemonte (8,16%) e in Toscana (7,73%). Dopo queste regioni del Nord e del Centro si collocano finalmente tre regioni del Mezzogiorno, la Campania (7,22%), la Sicilia (6,1%) e la Puglia (5,56%). Sempre sulla base del censimento del 2001 e osservando invece le piccole imprese (10-49 addetti), si nota ancora il predominio lombardo e si confermano anche le altre regioni, seppure in posizioni differenti, con una sola sostituzione fra le Marche e la Sicilia (fig. 3).

Il dato lombardo permette di meglio cogliere il senso del fenomeno. Il gran numero di piccole imprese lombarde si abbina al primato lombardo per il numero di grandi imprese e per il totale delle imprese, nonché per il totale degli addetti (fig. 4). La Lombardia possiede da sola circa il 30% delle grandi imprese (in

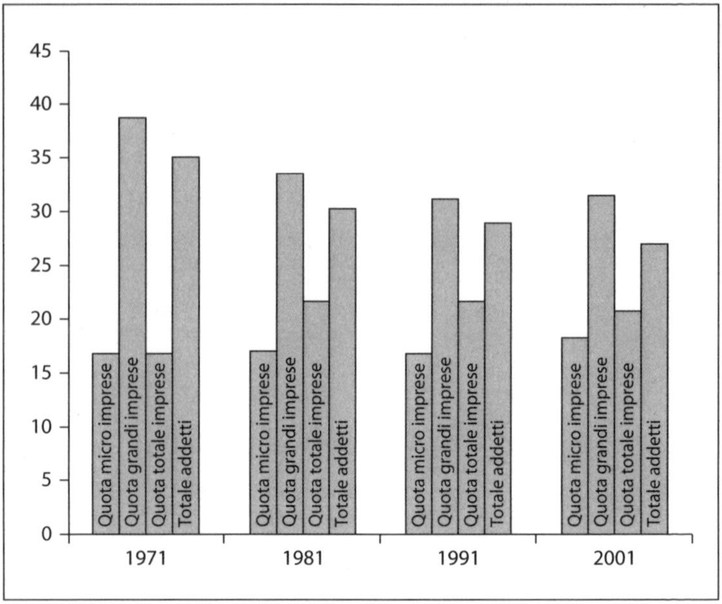

FIG. 4. Imprese lombarde: percentuali sul totale italiano, 1971-2001.
fonte: Nostra elaborazione su dati ISTAT.

leggera diminuzione nel tempo), ma mantiene e consolida anche il primato nelle piccole.

Il numero maggiore di grandi imprese determina un più alto numero di addetti per unità produttiva rispetto alla media nazionale (fig. 5), ma questo non va certamente a scapito della piccola o della piccolissima impresa, le quali hanno un ruolo di assolute protagoniste che si apprezza meglio considerandone la numerosità assoluta.

Il gran numero di micro imprese è costituito in buona parte da cantieri, attività immobiliari e soprattutto negozi, e lo si può dimostrare spostandosi verso gli anni più recenti (fig. 6). In questi settori domina incontrastata la piccola e piccolissima dimensione, mentre hanno un peso nettamente minore spostandosi sulla media (50-249 addetti) e sulla grande (oltre 250 addetti) dimensione, che invece sembrano dominare nelle attività manifatturiere.

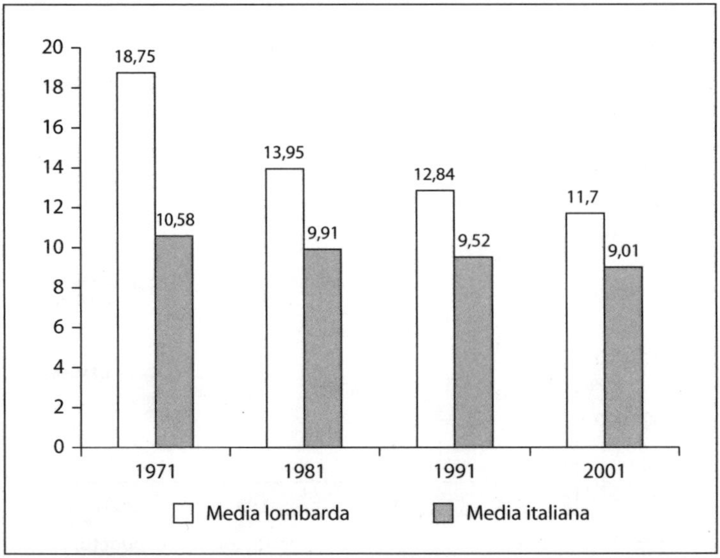

FIG. 5. Media lombarda e media italiana di addetti per impresa, 1971-2001.

fonte: Nostra elaborazione su dati ISTAT.

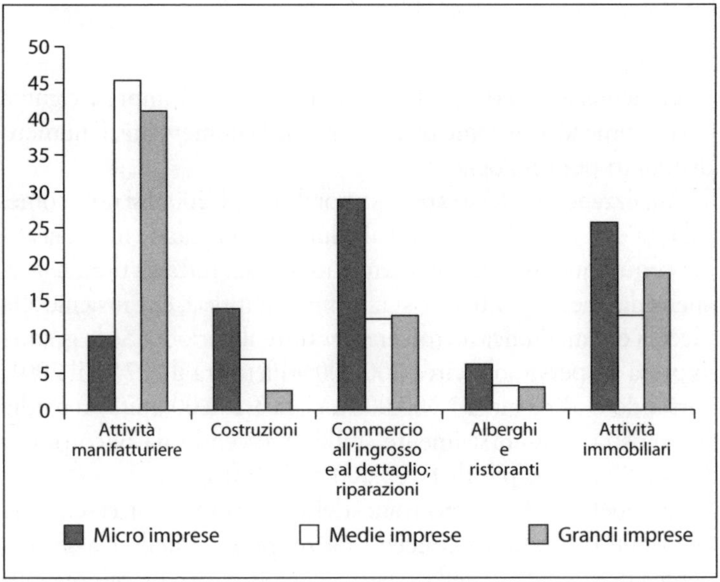

FIG. 6. Quota di alcuni settori sul totale delle micro, medie e grandi imprese italiane, 2007.

fonte: Nostra elaborazione su dati ISTAT.

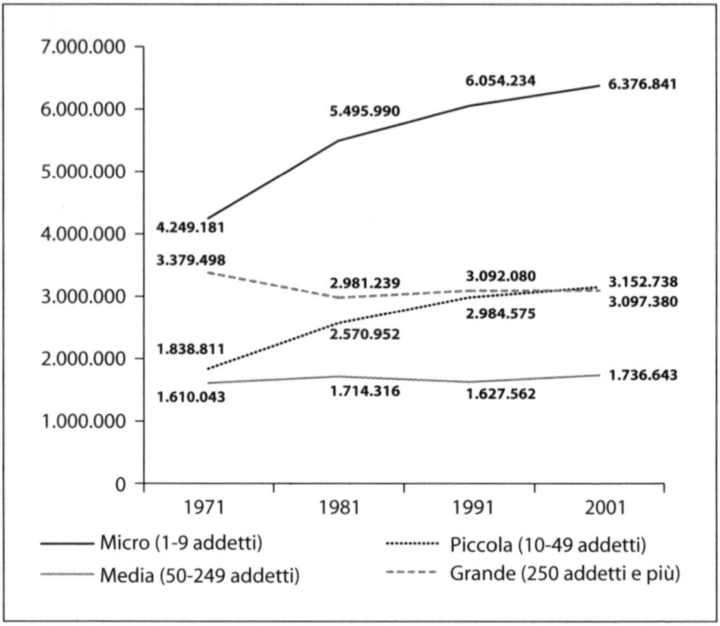

FIG. 7. Addetti per tipologia di impresa, Italia, 1971-2001.
fonte: Nostra elaborazione su dati ISTAT.

La valutazione da fare relativamente alla grande impresa cambia se si assume invece come metro, anziché la numerosità, il numero di addetti per tipologia.

Analizzando lo stesso arco temporale (1971-2001) si nota come, sul totale degli addetti italiani alle imprese, la grande impresa abbia comunque rivestito un certo ruolo; resta tuttavia dominante, anche da questo punto di vista, la micro impresa, che insieme alla piccola è stata l'unica a crescere per tutto il periodo. Se la grande impresa ha perso solo circa 200.000 addetti tra il 1971 e il 2001, passando cioè da circa 3.300.000 a circa 3.100.00 unità, la media si è mostrata sostanzialmente stabile crescendo da poco più di 1.600.000 a poco più di 1.700.000 addetti (fig. 7).

Le tabelle 2, 3 e 4 mostrano del resto come, pur essendo la creazione di fatturato concentrata soprattutto nella classe 0-9, perché dominante, e nella classe 250 e oltre, perché più produt-

TAB. 2. FATTURATO, VALORE AGGIUNTO AL COSTO DEI FATTORI E MARGINE OPERATIVO LORDO DELLE IMPRESE INDUSTRIALI E DEI SERVIZI PER CLASSE D'IMPRESA E SETTORE (MILIARDI DI EURO), 2008

IMPRESA	0-9	10-19	20-49	50-249	> 250
			Fatturato		
Industriale					
• attività manifatturiera	97,1	99,9	137,6	260,9	382,6
• costruzioni	136,4	42,2	45,2	31,3	18,5
Servizi					
• settore commercio all'ingrosso e al dettaglio, riparazione di autoveicoli e motocicli	349,6	129,8	118,5	189,7	194,8
• trasporto e magazzinaggio	27,9	15,1	17,8	21,0	63,5
• alloggio e ristorazione	35,2	11,3	6,3	5,2	8,8
• informazione e comunicazione	13,5	6,4	7,0	14,9	75,1
			Valore aggiunto ai costi dei fattori		
Industriale					
• attività manifatturiera	27,5	25,3	33,7	56,2	69,0
• costruzioni	48,0	12,6	8,6	7,5	4,5
Servizi					
• settore commercio all'ingrosso e al dettaglio, riparazione di autoveicoli e motocicli	53,6	15,8	13,0	13,8	17,5
• trasporto e magazzinaggio	7,3	3,8	4,8	6,8	27,5
• alloggio e ristorazione	12,2	4,8	2,9	2,2	3,5
• informazione e comunicazione	5,7	2,3	2,8	5,5	34,3
			Margine operativo lordo		
Industriale					
• attività manifatturiera	14,6	8,3	10,2	18,5	22,2
• costruzioni	34,9	4,0	1,7	2,0	1,5
Servizi					
• settore commercio all'ingrosso e al dettaglio, riparazione di autoveicoli e motocicli	36,5	6,2	4,5	3,8	2,2
• trasporto e magazzinaggio	3,9	0,9	1,1	1,0	6,8
• alloggio e ristorazione	6,5	1,3	0,8	0,5	0,7
• informazione e comunicazione	3,5	0,6	0,9	2,0	21,6

fonte: Nostra elaborazione su dati dell'*Annuario Statistico Regionale della Lombardia*, aprile 2012.

tiva (salvo in quei casi, come per esempio nelle costruzioni, in cui la dimensione ottimale d'azienda è del tutto differente), gli altri indicatori economici, come il valore aggiunto, il margine operativo lordo e soprattutto il valore aggiunto per addetto, sembrano essere direttamente proporzionali alla dimensione stessa dell'impresa.

TAB. 3. FATTURATO, VALORE AGGIUNTO E VALORE AGGIUNTO PER ADDETTO DELLE IMPRESE PER CLASSE D'IMPRESA IN ITALIA, 2009

Classe di addetti	Fatturato (miliardi di euro)	Valore aggiunto (miliardi di euro)	Valore aggiunto per addetto (migliaia di euro)
0-9	675,6	194,2	24,1
10-19	296,7	69,2	36,4
20-49	321,2	72,3	43,2
50-249	538,6	102,9	48,4
250 e oltre	816,4	191,4	59,8

fonte: Nostra elaborazione su dati ISTAT, *Struttura e competitività del sistema delle imprese industriali e dei servizi*, 4 aprile 2012 (www.istat.it/it/archivio/43673).

TAB. 4. ADDETTI ALLE UNITÀ LOCALI, UNITÀ LOCALI E MEDIA ADDETTI PER UNITÀ LOCALI IN ALCUNI PAESI EUROPEI, 2008

	Addetti alle unità locali	Unità locali	Media addetti per unità locale
Italia	15.982.150	4.442.716	3,59
Germania	21.104.539	947.233	22,28
Spagna	13.465.214	3.186.331	4,22
Regno Unito	18.563.208	2.021.009	9,18

fonte: Nostra elaborazione su dati dell'*Annuario Statistico Regionale della Lombardia*, aprile 2012.

Un parziale confronto internazionale (tab. 4) conferma del resto l'impressione – spostando il fuoco sulle unità locali d'impresa e sui loro addetti, per il 2008 – che le piccolissime dimensioni d'impresa siano un dato soprattutto italiano.

4. Uno sguardo comparativo

L'Italia è un paese che dipende dalle micro imprese (cioè le imprese che impiegano meno di 10 dipendenti) molto di più rispetto agli altri paesi europei. Sull'applicazione dello *Small Business Act* (SBA), resta ancora molto da fare per raggiungere la performance media dell'UE in quasi tutti i settori, soprattutto per quanto riguarda la semplificazione amministrativa e l'accesso al credito. Nel 2010 l'Italia ha adottato una strategia per accelerare questo processo e ha nominato il suo «Mister PMI», Giuseppe Tripoli, del ministero dello Sviluppo economico, per coordinare queste iniziative.

Le principali conclusioni sulle PMI in Italia sono contenute nella relazione della Commissione europea sull'applicazione dello SBA, presentata nel quadro della settimana europea delle PMI. Lo SBA è l'iniziativa faro dell'UE a sostegno delle piccole e medie imprese.

In Italia ci sono oltre 3,5 milioni di micro imprese, il 94,5% del totale, contro il 92% della media europea. Le imprese italiane sono in tutto 3.765.825, di cui meno di 3.000 hanno più di 250 dipendenti. Le PMI, quindi, garantiscono l'81,4% dell'occupazione, molto di più rispetto alla media dei paesi UE, che arriva al 67%. In termini di valore aggiunto, le micro imprese producono un terzo del totale nazionale, mentre in Europa il dato supera di poco il 20%. Includendo anche le imprese piccole e medie, il valore aggiunto in Italia arriva al 71,3%, mentre nell'UE non raggiunge il 60%. Il dato europeo, però, cresce di più di quello italiano: nel 2011 il valore aggiunto delle imprese in Europa è cresciuto di oltre il 30% rispetto al 2003, mentre in Italia questa crescita è stata pari a circa il 25%.

Sui diversi aspetti dello SBA, la performance italiana varia di molto rispetto alla media europea. Ad esempio, solo 4 cittadini italiani adulti su 100 hanno manifestato l'intenzione di creare un'impresa nei prossimi tre anni, a fronte dell'11% della media nell'UE. Solo il 37% degli italiani ha dichiarato che l'istruzione scolastica li ha stimolati a diventare imprenditori, mentre in Europa è così per un cittadino su due. In media gli italiani, inoltre, dedicano meno attenzione al tema dell'imprenditoria.

Un altro problema tutto italiano è come gestire un fallimento o la chiusura di un'impresa. Il costo elevato del recupero crediti è più del doppio della media dell'UE ed è il più alto rispetto a tutti gli altri Stati. Questa difficoltà ha un effetto negativo sulla disponibilità a prestare capitale a chi ha già subito un fallimento in passato.

I tempi per la registrazione burocratica di un'impresa sono più brevi in Italia rispetto a quelli europei, ma l'avviamento reale è assai più lungo e costoso: in Italia rappresentano il 18,5% del reddito pro capite italiano, mentre in Europa solo il 5,5%. Molto onerosi in Italia sono anche i costi di attuazione dei contratti. In questo settore le autorità italiane hanno comunque introdotto alcune misure di semplificazione via via nel corso degli anni, come la Comunicazione unica telematica, chiamata ComUnica: con questa procedura sono state aperte 180.000 imprese tra aprile e luglio 2010.

Riguardo agli appalti pubblici, spicca (in negativo) il dato sui ritardi dei pagamenti: il tempo medio in Italia è di 100 giorni, a fronte dei 25 negli altri paesi europei. In questo contesto, dovrebbe essere di grande aiuto l'entrata in vigore della direttiva sui ritardi dei pagamenti, approvata a fine 2010, che prevede la scadenza massima di 30 giorni per pagare le fatture, con poche eccezioni, come il settore della sanità, che può arrivare a 60. L'Italia, inoltre, concede molti più aiuti pubblici alle PMI: il 24% degli aiuti di Stato totali va a loro, contro il 7% della media UE.

Altro settore cruciale è quello dell'accesso al credito. In Italia vengono respinte meno richieste di prestiti da parte delle PMI rispetto alla media europea: il 17% contro il 23%. Però la differenza sui tassi di interesse applicati dalle banche tra i prestiti piccoli (cioè inferiori a 1 milione di euro) e quelli grandi è molto maggiore in Italia. Grande è anche la difficoltà a far rispettare i contratti sui crediti.

Il numero di PMI italiane che commerciano all'estero i propri prodotti è inferiore rispetto alla media UE: meno del 4% contro il 7%. Il tempo medio necessario per esportare prodotti italiani è di venti giorni, mentre negli altri Stati questo periodo è quasi dimezzato. Ciò è dovuto anche ai ritardi in materia di innovazione, dove quasi tutti gli indicatori italiani sono negativi, in particolare riguardo al numero di imprese che offrono opportunità di formazione e alle PMI che vendono o acquistano on line: la percentuale italiana è di tre volte inferiore rispetto alla media europea.

Le PMI, oltre a rappresentare in Italia il 99% delle attività produttive, danno anche lavoro alla maggioranza degli occupati. In totale sono 21.726.547 i lavoratori italiani tra autonomi e dipendenti, sia pubblici sia privati, di cui più di 13 milioni impiegati in PMI con meno di 50 addetti (61%). Ben il 50,7% del totale lavora in micro imprese (meno di 20 dipendenti) per un totale di 11.011.563 unità. Nelle medie e grandi imprese (più di 250 addetti) si concentra il 26,7% degli occupati, pari a 5.795.642 unità. È quanto emerge dai dati raccolti dalla CGIA di Mestre.

E nonostante la crisi sono le piccolissime imprese a continuare a dare occupazione agli italiani. Nel 2010 su 802.000 previsioni di assunzione dichiarate dagli imprenditori il 62,7% (502.970 unità) riguardavano imprese con meno di 50 dipendenti e il 40,5% del totale (324.900 unità) micro imprese.

Una nazione competitiva ha certo bisogno delle grandi imprese. Tuttavia, se negli ultimi decenni il loro numero è costantemente sceso, la responsabilità non va certo imputata alla grande diffusione delle imprese artigiane e piccole, ma all'incapacità dei nostri grandi gruppi di reggere all'urto della concorrenza internazionale e a dissennate privatizzazioni senza liberalizzazioni.

5. Perché esistono le piccole e piccolissime imprese

Diverse sono le concause che spiegano la proliferazione delle piccole imprese.

Una delle cause determinanti della nascita delle piccole imprese risiede nella disintermediazione o divisione della grande impresa, che può rivolgersi così in forma temporanea ai fornitori dei suoi prodotti intermedi senza assumersi irreversibilmente i costi di produzione e di coordinamento, che hanno, in tal modo, invece, una durata temporanea, quanto le necessità a cui fanno fronte.

Ma questa è una spiegazione non solo insufficiente empiricamente, ma debole teoricamente. Infatti, per secoli sono esistite, al di là della presenza della grande impresa, aree territoriali dove si sono addensate aggregazioni di piccole imprese specializzate in produzioni che sono state e sono il retaggio di antichissime lavorazioni artigianali e nel contempo di elaborate tecniche costruttive, sia nell'industria meccanica sia in quella tessile e vetraria, in Europa, in Asia, nelle Americhe. Il ruolo delle subculture politiche, delle istituzioni, può essere assai importante per sostentarne la durata e la persistenza. Ma la situazione è molto varia, come dimostra, appunto, l'esistenza dei cosiddetti «distretti industriali», in cui le imprese non solo competono nei mercati, ma cooperano tra loro scambiando risorse fisiche e materiali che abbassano le diseconomie esterne. Il fenomeno dei distretti è assai presente anche nei paesi a crescita industriale precoce, laddove – come nella maggioranza dei casi – tale crescita è avvenuta in forma ineguale, nel tempo e nello spazio. Esso si sta diffondendo, inoltre, rapidamente in quelli che erano un tempo i paesi in via di sviluppo dell'Asia, del Sud America e dell'Africa. Si presenta storicamente come un concentrato sociale di fattori di sostituzione dei prerequisiti classici della crescita (grandi banche e grandi imprese, Stato). In primo luogo questo fenomeno dunque non è di natura economica ma sociale. Ossia, è un grande processo di mobilitazione di classi un tempo subalterne sui mercati e nei reticoli del potere, per comprendere il quale appare decisivo analizzare attentamente soprattutto, ma non solo, il passato agrario e migratorio delle società da cui tale fenomeno promana.

La piccola proprietà contadina storicamente aperta al mercato, ossia la mezzadria con forti patti colonici a favore della famiglia mezzadrile che poteva in tal modo acquisire competenze e mentalità imprenditoriali sui mercati; il ritorno nei paesi d'origine degli emigranti dai nuclei a crescita precoce in cui si erano recati accumulando denaro e competenze; la persistenza di forti *clusters* artigiani che sanno adattare nuove tecnologie; una rete di istituti di credito locale che sostengono questi piccoli imprenditori e le loro famiglie nel finanziamento delle iniziative; un concentrato di esperienze professionali e organizzative operaie in grado di intraprendere – spesso dopo il licenziamento dalla grande impresa – un'avventura imprenditoriale fondata su eccellenti capacità tecniche: ecco le condizioni universali che sembra si siano sempre manifestate con regolarità, tra Otto e Novecento, laddove si assistette e si assiste, all'emergere di aggregazioni significative di piccole imprese. L'Italia ne è un esempio.

Ma non vi è solo questo. La piccola impresa raggiunge livelli prima inusitati di crescita dopo la seconda guerra mondiale, quando si compie quella grande rivoluzione silenziosa mondiale che è l'aumento del reddito delle famiglie, la quale amplia i consumi e affina la qualità degli orientamenti del consumatore non soddisfatto dei soli prodotti della grande impresa.

E ancora: la complessità della differenziazione crescente della società mette a disposizione dei piccoli imprenditori, capi e proprietari insieme delle loro imprese, risorse di comunicazione e trasporto, di forniture, di conoscenze, in forma sempre più diffusa.

La piccola impresa nasce con la rivoluzione industriale e accompagna la crescita del mondo moderno per la semplice ed elementare ragione che le sole grandi imprese non possono sfruttare tutte le opportunità che l'aumento del reddito e delle conoscenze offrono agli imprenditori e ai consumatori. Di qui il ruolo storico essenziale delle piccole imprese.

Una delle questioni più rilevanti del problema dello sviluppo dell'impresa nel mondo moderno è, dunque, la grande varietà dei confini dell'impresa medesima. L'Italia non solo non fa eccezione, ma è uno dei paesi più interessati da questo fenomeno.

Nel meccanismo dei mercati imperfetti operano, interagendo profondamente con esso, imprese non solo di diversa natura proprietaria e tecnologica, ma in primo luogo, come si è detto e dimostrato, di diversa dimensione, di diversa scala: grandi, medie, piccole e piccolissime. Esse dimostrano che la crescita di questo soggetto storico non è determinata da un'unica legge evolutiva inscritta nei meccanismi inesorabili della divisione sociale del lavoro: ossia crescere in dimensioni di scala, così da ostacolare la tendenza ai rendimenti decrescenti. Per evitare la perdita di efficacia e di efficienza delle organizzazioni economiche nel tempo esistono altri strumenti che non siano la sola dimensione di scala: la tecnologia e le capacità personali.

L'esistenza della piccola impresa è l'elemento che più di ogni altro ha alimentato la riflessione e l'analisi teorica ed empirica, non solo economica, ma anche sociologica, antropologica e, per taluni versi, storica, negli anni più recenti, proprio perché ha falsificato la tesi che la crescita dimensionale continua fosse una legge inesorabile per l'esistenza dell'impresa. Si può continuare a esistere rimanendo piccola e piccolissima impresa. Moltissime sono le piccole imprese centenarie, soprattutto artigiane e cooperative.

Ma per dare forma e colore al discorso occorre ricordare quanto affermava uno dei più importanti scienziati sociali del Novecento:

> Nell'ultimo quarto del XIX secolo [...] [gli imprenditori indipendenti dell'America del Nord] comprendevano circa un terzo della popolazione lavorativa, ma avevano un valore simbolico sproporzionato al loro numero. L'imprenditore indipendente era il tipo ideale del cittadino americano in un'economia capitalistica competitiva, e aveva una posizione a cui aspirava ogni cittadino e che si credeva fosse raggiungibile da ogni cittadino non inetto. Quest'immagine

idealizzata di un mondo aperto al talento e all'iniziativa si fondava su una fede nell'uguaglianza sociale fondamentale, in forte contrasto con l'*ethos* della casta, dell'ordine o dello snobismo sociale. E le relazioni sociali rispecchiavano largamente questa fede. Le sole differenze importanti erano quelle che si misuravano sul fatto semplice, ovvio e incontrovertibile della ricchezza. Una società siffatta non concedeva molto spazio all'affermarsi di un sistema sociale indipendente e autonomo. I fatti puri e semplici della disuguaglianza economica venivano accettati per quello che valevano, e non molto più di questo; non venivano investiti di nessun significato mistico, che potesse far credere che ricchi e poveri erano delle specie differenti dell'umanità. La preoccupazione snobistica per lo *status* sociale non aveva spazio.

Questo brano, tratto da un'opera fondamentale del Marshall teorico della cittadinanza, ci fornisce infiniti spunti di riflessione per iniziare in modo non casuale il nostro ragionamento. Il primo punto decisivo per connotare il volto della stratificazione sociale italiana del secondo dopoguerra, e *in primis* degli ultimi trent'anni, è quello della profonda modificazione intervenuta nella borghesia industriale. Si è dinanzi, in questo caso, a un tipico processo dualistico: da un lato si assiste al continuo consolidamento di un ristretto manipolo di grandi gruppi, fortemente connotati da un *mix* di comportamenti manageriali nella conduzione aziendale e di valori e di processi di *status* familistici nelle procedure di cooptazione e di governo delle decisioni strategiche patrimoniali ad altissimo livello.

Dall'altro lato – e qui risiede la novità della composizione organica della stratificazione sociale – si assiste alla costante crescita di una borghesia industriale diffusa. Ma il paragone con l'imprenditore americano delle origini (a cui Marshall si riferiva e di cui, nella pagina successiva a quella qui citata, decretava la morte come «tipo sociale» a causa dell'avvento della grande impresa) deve fermarsi qui. Infatti, come dirò meglio più avanti, in realtà si tratta, nel nostro caso, di un «gruppo» caratterizzato da tutte le stigmate dell'agire capitalistico e imprenditoriale, ma pervaso dai valori della «matrice» sociale entro la quale quell'agire si è manifestato: la famiglia, imprenditoriale quanto si vuole, ma pur sempre struttura tradizionale rifunzionalizzata alla modernità più dirompente. La famiglia imprenditoriale è stata ed è una vera e propria classe sociale in perenne formazione. Ecco perché essa – sempre poco avvezza ad affrontare il mondo troppo chiuso e asfittico della finanza italiana – ha sempre avuto e ha come modello di riferimento i comportamenti e i valori dei gruppi di comando *patrimoniali* (non manageriali) – anch'essi familistici – della grande impresa e delle loro omofiliache procedure di cooptazione. Indice precipuo di questa scelta è la riluttanza di tale «nuova» borghesia imprenditoriale alla quotazione in borsa, comportamento «di mercato» per eccellenza.

Grazie al ricco lavoro analitico di alcuni scienziati sociali, siamo in grado così di servirci della nascita prorompente della micro e della piccola impresa per comprendere il volto dell'Italia nuova.

Occorre tenere ben fermo, nell'analisi, questo risultato interpretativo perché esso, oltre all'elemento di verità storica che può darci, ci consente di comprendere in che misura lo sviluppo della società industriale sia progredito al di là dei confini della grande impresa e delle grandi ricchezze. Mentre le grandi imprese esportavano all'estero i capitali – nei periodi successivi al 1962, in conseguenza della nazionalizzazione dell'energia elettrica e dell'imposta cedolare sui dividendi; nel 1966, per gli appetiti suscitati dall'aumento dei tassi d'interessi esteri –, lo sviluppo industriale proseguiva in forme diffuse e articolate, e ci si trovava dinanzi «a un modello di crescita dal doppio volto: ora promosso dall'alto, *sub specie* oligopolistica e governato dalla banca mista, ora, invece, promosso dal basso».

E la specificità del caso italiano, a parer mio, era, sino agli anni novanta del Novecento, esattamente nella compresenza di questi due fasci di forze dello sviluppo economico: macroimpulsi di grande scala e istituzionalizzati nella consolidata statalizzazione di parte della nostra economia da un lato; microimpulsi di piccolissima, piccola e media scala e istituzionalizzati dalla pervasività delle subculture e del localismo comunitario del «governo municipale» dall'altro[1].

Ben s'intenda: è una specificità *composita*, quella italiana, cioè caratterizzata da un sistema sociale e di valori che sorregge i microimpulsi e che può manifestarsi qui in misura più forte che altrove (e forse le somiglianze sono con il Giappone, in cui sempre quei due fasci di forze hanno potentemente convissuto), pur agendo, come è noto, in quasi tutti i paesi di antica e nuova industrializzazione. Del resto l'«emersione» dell'industria piccolissima, piccola e media è caratteristica generale degli anni recenti in Europa e in Giappone. Tutte le analisi statistiche comprovano la natura generale di una crescita, a partire dalla metà degli anni sessanta, delle imprese di dimensioni medie che andrà calando negli anni ottanta, per poi riprendere vigore nel primo decennio del nuovo secolo, tanto da far parlare di «quarto» capitalismo italiano, a fronte di una caduta occupazionale nelle imprese di grandi dimensioni.

Diverse sono state le interpretazioni di questo sviluppo della borghesia industriale piccola e media. Ciò che conta sottolineare è il suo dispiegarsi in modo direttamente inerente alla crescita dell'impresa: in questa interconnessione risiede la novità. Dietro questa borghesia industriale di tipo nuovo non c'è nessun patrimonio fondiario e tanto meno titoli nobiliari (un tempo legati all'orizzonte terriero), nessun ascendente finanziario, nessuna «grande famiglia».

Naturalmente elementi simili sono, in alcuni casi, presenti, ma non contraddicono il senso generale di questa vera e propria «mobilitazione sociale». Perché di questo si tratta, di uno dei più importanti processi di mobilità sociale verticale avvenuti in Italia: forse il solo di dimensioni rilevanti, sia per l'estensione sia per la qualità delle implicazioni sociali, cioè della trasformazione della struttura delle classi e dei ceti.

Mezzadri toscani e marchigiani, operai specializzati licenziati dalla grande impresa che fondano eccellenti micro e piccole imprese, immigrati che ritornano nelle terre d'origine impegnando i capitali accumulati con un forsennato risparmio in nuove imprese. Fenomeno, tutti gli studi lo comprovano, che è tipico del diffondersi di un comportamento imprenditoriale, di un'azione – insomma – socialmente consapevole: ed è questo che consente di parlare della formazione su scala di massa di una nuova classe. La forma genetica dell'impresa comprova questo assunto. Come affermò anni or sono Cristiano Antonelli in uno dei primi contributi in materia, e che rimane tra i più lucidi:

> La presenza delle piccole imprese nella struttura industriale italiana sembra in qualche misura legata alle variabili ora indicate [lavoro, organizzazione aziendale, contesto strutturale]. Del resto, i tre fattori combinandosi possono dar luogo sia a piccole imprese che a grandi imprese, a seconda del tipo di sviluppo economico in atto e della specializzazione produttiva risultante dall'integrazione con gli altri sistemi economici. In quest'ottica *la piccola dimensione, così come la grande, non sono né in rapporto gerarchico, né temporale, ma costituiscono scelte razionali* e quindi ottimali decise sulla base del sistema di interazioni che presiedono all'equilibrio di una struttura industriale[2] [corsivo mio].

Scelte razionali o razionalità limitata qui poco importa, vale l'assunto di fondo: che si tratta dell'emergere di una cultura imprenditoriale, accumulata nel corso di lunghi periodi, da parte di esponenti di classi subalterne, i quali, nella congiuntura favorevolissima del dopoguerra, trovarono le sinergie tra le economie esterne idonee allo sviluppo e le proprie «capacità personali», o attraverso la rottura dei precedenti «blocchi» socioculturali in cui erano immersi (e fu il caso del sistema mezzadrile), oppure perché ritenevano indispensabile elaborare strategie individuali e familiari atte a garantire, insieme al lavoro, l'accumulazione di capitale e l'autonomia personale (e fu il caso degli operai «capaci» colpiti dalla ristrutturazione, degli artigiani e degli emigrati).

Da questi processi emerse, dunque, con la piccola impresa, la borghesia industriale nuova dell'Italia del dopoguerra.

Si guardino le cifre tratte dai censimenti: esse sono più eloquenti che mai e comprovano la crescita e la diffusione di questa nuova classe sociale. Si leggano con particolare attenzione i dati relativi al numero delle unità locali, ché quelli interessano, perché dietro quei numeri ci sono famiglie e nuclei di borghesia piccolissima, piccola e media industriale. Si capirà dunque perché tanto ho insistito sulla natura di massa del fenomeno: se si guarda quanto minori siano gli andamenti percentuali (e i valori assoluti) riferiti alle grandi imprese, ben si comprenderà come si sia trattato di una vera e propria crescita di forze «dal basso». E tale crescita altro non poteva essere che un processo di mobilitazione sociale verticale di grande ampiezza.

Questo processo prosegue ancora e con grande evidenza pubblicistica e nei mass media, perché risulta essere un fattore di dinamismo in un sistema economico in complesso stagnante – quando il «grande boom» della mobilità sociale verticale sta già declinando o, seppure ancora in atto, non ha più l'ampiezza del ventennio precedente (1951-1971).

Se infatti si confrontano i dati dei due censimenti con le cifre del periodo che va dal 1971 al 1981 si ha l'idea di un processo che di fatto ancora continua, ma non ha più il vigore di un tempo (e ciò comproverebbe che si è trattato proprio di un fenomeno di mobilità sociale verticale, oltreché di industrializzazione diffusa).

Pur in una situazione generale come quella che ho descritto, la piccola e media impresa si caratterizza ancora, soprattutto sul fronte occupazionale, per un elemento di forte dinamismo. Con un aspetto nuovo, tuttavia, che ancor più si rafforzerà negli anni ottanta: l'espansione, più che sui segmenti artigiani e piccoli, si concentra su quelli medi delle imprese di dimensioni minori, con una tendenza alla crescita della piccola impresa già esistente. Appaiono, insomma, i primi segni di *rigidità sociale*, di *blocco della mobilitazione verticale*, di consolidamento, più che di espansione della piccola e media borghesia industriale di nuova formazione.

Si apre, da questo punto di vista, un grande campo di ricerca.

Qual è, infatti, la causa di questa rigidità crescente? È un fenomeno assimilabile a quello evocato di recente per comprendere la «stagnazione relativa» degli anni ottanta della già dinamicissima industria diffusa toscana, ossia da ascriversi alla «maturità» generale che i sistemi industriali – tutti – son destinati a raggiungere? Oppure tale rigidità si modella plasticamente e meccanicamente sull'andamento dei settori industriali che sono stati i luoghi d'elezione, le «foreste» marshalliane per eccellenza, di queste piccole imprese? Se così fosse, si dovrebbe trarre, in merito alla morfologia di questa borghesia industriale, la conclusione che essa sia tutta definita dall'impresa e soltanto da quella che ne ha visto il primo sorgere. Che sia, insomma, ancora una gracile pianta dalle radici diffuse appena entro l'agone economico che ne vide e ne seguì l'origine. Questo è, del resto, un connotato inevitabile delle borghesie che crescono senza le ricchezze prima accumulate dalle onde (cicliche?) dello sviluppo industriale. Molta ricerca occorre ancora compiere a questo riguardo; tuttavia l'analisi economica fornisce a essa, già sin d'ora, numerose e preziose indicazioni. Non posso tornare qui sugli studi già intrapresi e che descrivono con ampiezza i settori nei quali le nostre piccolissime, piccole e medie imprese si addensano. Basti ricordare che tali imprese si concentrano dapprima in settori tradizionali (legno e mobilio, tessile, alimentari, concia, calzature e abbigliamento, produzioni metalliche), per svilupparsi poi in settori innovativi, quali le macchine e il materiale meccanico, l'impiantistica, gli strumenti e gli apparecchi di precisione, e sempre con la rilevante capacità – manifestata per circa un trentennio – d'introdurre innovazione tecnologica. Naturalmente non poche difficoltà sorgono in una crisi economica terribile come quella in corso.

La complessità delle conoscenze richieste per avviare una nuova attività e il maggior fabbisogno finanziario per mettersi in proprio rischiano anche di incrinare il meccanismo di mobilità verticale, che, di fatto, ha sempre impedito una polarizzazione della struttura sociale.

Questo fatto sembra confermato dai pochi dati disponibili, secondo i quali l'ultima generazione di imprenditori – quelli che iniziano adesso la loro attività – sono in massima parte già figli di imprenditori: a differenza di quanto successe alla generazione precedente composta da figli di artigiani, operai e mezzadri, e solo in minima parte imprenditori.

Progressiva fine, dunque, di un processo diffuso e consistente di mobilità sociale verticale?

È ancora presto per dare una risposta definitiva, anche se molti indicatori fanno presupporre che occorrerà dir di sì. Ciò che importa, in ogni caso, è sottolineare la straordinaria complessità che si è verificata nella struttura sociale per questo allargamento della base della piramide della borghesia industriale. Anche la cima della piramide s'è ampliata, ben inteso, ma si è trattato di «lavori in muratura» di poco conto, cioè del solo ampliamento delle famiglie che controllano i grandi patrimoni industriali e finanziari.

Ed è questo il punto: lo svilupparsi della funzione regolatrice del reticolo della reciprocità e della fiducia familistica nel governo – non nell'accumulazione, ormai managerialmente gestita – della ricchezza. È anche questa una specificità italiana: prima si era assistito alla prevalenza della holding, ora si assiste a quella della società «in accomandita», rispetto agli altri strumenti di coordinamento e di difesa della ricchezza. Dicevo: si tratta soltanto di qualche «lavoro in muratura», come dimostra quanto è avvenuto nell'ultimo ventennio per quel che riguarda l'azionariato di Mediobanca: alle «vecchie» famiglie se ne sono aggiunte di «nuove».

Ma in questo caso non di mobilità sociale verticale tra classi diverse si può parlare, quanto di mobilità nella stessa classe, e quindi tra ceti diversi, con un interessante «mescolamento» di stili di vita e un riaffiorare di un nuovo «snobismo» industriale contro i nuovi venuti. Snobismo che avrebbe fatto la gioia scientifica di Marshall e di Veblen; ma che fa anche la nostra, e su questo problema bisognerà ritornare.

Del resto, per continuare la nostra metafora, è difficile ampliare la cima di una piramide, mentre è assai più facile ingrossarne la base, come – mi pare d'aver dimostrato – è in effetti avvenuto. Beninteso, nel contesto del dualismo fondamentale della nostra nazione, dualismo che neppure la nascita, reale prima e nell'analisi degli scienziati sociali poi, della «Terza Italia»[3] ha cancellato. Infatti, se si può ormai dire che tra «Prima Italia» (il Nord-Ovest) e «Terza Italia» (il Centro-Nord-Est e il Sud-Est) esiste un *continuum* di infiniti punti, laddove la retta davvero si spezza è quando incontra, per dirla con Mario Rossi Doria, l'«osso» del Sud, perché il dualismo rimane, eccome. Se si leggono le tre paginette che Giuliano Bianchi ha dedicato – in un bel saggio sulla Toscana del dopoguerra[4] – all'«ascesa industriale» delle regioni italiane, si vedrà sotto i propri occhi, come in uno spettacolo cinematografico, il processo che ha portato, tra il 1961 e il 1981, via via la Toscana, l'Emilia-Romagna, il Veneto e il Friuli-Venezia Giulia ad affiancarsi alle regioni del «triangolo industriale», seguite dalle Marche e dall'Umbria, le quali, dal 1981, raggiungeranno anch'esse il gruppo di «testa»; mentre anche Abruzzo, Molise, Basilicata, Puglia e Lazio continueranno a crescere. Soltanto in Campania, Calabria e Sicilia non si assiste ad alcuna «nuova» ondata di industrializzazione, che non sia quella, mobilitata «dall'alto», delle lavorazioni di processo e dei grandi investimenti in capitale fisso delle Partecipazioni statali. Sicché uno degli studiosi più acuti della questione ha potuto dire:

> In particolare, e contrariamente ad alcune recenti e imprecise letture dei dati, non è per nulla confermato che le micro imprese (cioè le unità locali al di sotto dei dieci addetti) conseguano un qualche sviluppo nel Mezzogiorno. Infatti esse registrano [tra il 1971 e il 1981] una netta contrazione sia nel numero di unità locali che di addetti [...]. All'estremo opposto il 35% dell'incremento degli addetti meridionali avviene nelle unità locali con oltre 500 addetti (contro l'1,78% del CNE [Centro-Nord-Est]) e un valore negativo a livello nazionale[5].

Il che dovrebbe chiarire qualsivoglia discussione in proposito.

In tal modo s'intravede una nuova forma di dualismo territoriale. Da un lato, infatti, il Mezzogiorno sempre più si differenzia al suo interno. L'abbiamo visto: «al di sotto» degli aggregati generali si svolge lo sviluppo diseguale, con alcune aree che faticosamente decollano e altre che rimangono inchiodate nell'*impasse* tra la possibilità di consumare e l'impossibilità di lavorare regolarmente.

Ed è questo amalgama, contemporaneamente al gonfiarsi delle sue metropoli sovraccariche di popolazione, il vero volto odierno del dramma del Sud. Dall'altro lato, le aree che si sono sviluppate e rincorse sino ad ora, quelle che un tempo guidavano il «gruppone» e perdevano addetti all'industria, perché ne perdeva la grande impresa di cui esse erano il cuore, stanno forse per entrare in un altro tipo di dualismo. Da una parte troveremo chi sarà capace di affrontare le sfide del futuro, tra cui quella del temuto blocco della «fluidificazione» sociale che con la subcultura aveva garantito un formidabile consenso. Dall'altra chi queste sfide sarà incapace di affrontarle e di risolverle.

Certo è che questo sarà il banco di prova della forza storica di questa nuova classe. Ed è altrettanto certo che essa non potrà affrontare questi compiti da sola.

note

[1] G. Sapelli, *Storia economica dell'Italia contemporanea*, a cura di G. Maifreda e L. Vergallo, Milano, Bruno Mondadori, 2008, 2ª ed.

[2] Cfr. C. Antonelli, *Il ruolo delle piccole imprese nel sistema produttivo. Una tipologia*, in F. Ferrero e S. Scamuzzi (a cura di), *L'industria in Italia. La piccola impresa*, Roma, Editori Riuniti, 1979, p. 261.

[3] A. Bagnasco, *Tre Italie. La problematica territoriale dello sviluppo italiano*, Bologna, Il Mulino, 1977.

[4] G. Bianchi, *Maturità precoce: una modernizzazione a rischio*, in G. Mori (a cura di), *La Toscana. Storia d'Italia. Le regioni dall'Unità a oggi*, Torino, Einaudi, 1986, pp. 942-944.

[5] A. Giannola, *Problemi e prospettive del Mezzogiorno d'Italia*, Napoli, ESI, 1993, p. 213.

6. Oltre i «distretti»

Quello che è certo è che le nuove unità produttive si presentano dinanzi a noi aggregate territorialmente in plessi o *clusters* di unità produttive che si sono definiti per lungo tempo come «distretti industriali».

Alfred Marshall[1] attraverso una serie di studi empirici giunse, già al termine del XIX secolo, alla conclusione che all'interno del mondo industriale il profitto era conseguibile anche tramite forme alternative alla grande impresa capitalistica che si stava costituendo. Ciò tramite la distribuzione dell'organizzazione produttiva su più fabbriche specializzate nelle diverse fasi proprie del ciclo produttivo. I vantaggi così ottenuti, chiariva Marshall, non si esplicavano esclusivamente entro le tradizionali logiche di bilancio, ma riuscivano a produrre anche una sorta di processo di apprendimento virtuoso tra i lavoratori, creando così comunità di saperi accomunate dalla condivisione di conoscenze utili a fini produttivi. Grazie a ciò, grandi e piccole imprese potevano prosperare, entrando in comunicazione e coinvolgendo in maniera attiva il territorio che a esse faceva riferimento. Le riflessioni di Marshall diedero vita a un nuovo filone di ricerca che vede il distretto, inteso come agglomerato di imprese territorialmente definito e collegato da relazioni produttive, storiche e sociali, come forma al contempo produttiva e organizzativa dell'industria.

La categoria di distretto industriale nasce quindi come intrinsecamente legata a quella di piccola impresa, ed enfatizza le dimensioni storiche, sociali e culturali delle loro interrelazioni. Il cosiddetto *decentramento indipendente* è la dimensione tipica dell'impresa distrettuale; decentramento che si sostanzia dell'innovazione e dell'organizzazione interna delle strutture produttive, tali da realizzare prodotti che non sarebbe economicamente conveniente produrre per la grande impresa. La piccola impresa che agisce tramite il decentramento indipendente fonda la sua competitività sulla rete di relazioni con le altre imprese nel distretto e sui rapporti diretti instaurati con il mercato del prodotto finito. Ciò permette alle piccole imprese distrettuali di arrivare a comportarsi come le aziende di dimensioni maggiori, commissionando parte delle lavorazioni ad aziende terze. Altri caratteri atti a descrivere la fisionomia della piccola impresa distrettuale sono la frammentazione, o comunque la frammentabilità per fasi del ciclo di lavorazione, lo scarso rilievo delle economie di scala nell'organizzazione della produzione, la relativamente bassa intensità di capitale fisso, la forte specializzazione dei manufatti.

La qualità della prestazione lavorativa, la forza della storicità dell'apprendimento nel lavoro operaio sono elementi intrinsecamente legati al territorio, come mi permetto di sottolineare in questo lavoro riportando queste interviste a imprenditori.

I.1. Oggi ci confrontiamo con dei processi che hanno sempre maggiore valore aggiunto, dunque bisogna avere maggiori capitali, in particolare capitale umano. Tutti abbiamo bisogno di avere a qualsiasi livello del processo produttivo delle nostre aziende persone che abbiano profili formativi diversi dai curriculum che ci vengono presentati, su qualsiasi mansione.

I.2. Francamente non ho delle ragioni, obiettivamente, per restare qui; ho delle convenienze che sono determinate un po' dalla tradizione, [...] la mia famiglia ha messo radici qua ed effettivamente si è creato un tessuto di relazioni che oggettivamente io ho ereditato e quindi mi conviene restare; le risorse umane, che sono sicuramente importanti per noi, le abbiamo formate, [...] nella nostra azienda ci sono famiglie che sono alla quarta generazione, si sono tramandate anche un po' il lavoro; una terza ragione è il costo, spostarsi costa; una quarta ragione è rappresentata, nel nostro settore che è chimico, oberato da normativa, dalle relazioni che si sono stabilite nel territorio – non di convenienza, ma relazioni che fanno sì che tu riesca a «convivere» con la norma, che ti aiutano a interpretare e a gestire tali norme, io le chiamo «convivenze» [...]. Una provocazione, io da imprenditore rimango sempre stupito dal fatto che il distretto di ... non sia riuscito negli anni a creare un'impresa nel settore del turismo [...] io sarei anche pronto in qualche modo a convertire le mie risorse investendole nel territorio [...] qui c'è la presenza di una eccellenza nel mondo nel settore alberghiero e non riesco a capire come mai i colleghi albergatori del territorio non si siano messi insieme [per ripetere un'esperienza di successo?] [...]. La mia zona è inondata di stranieri, non c'è giro in cui non ci siano comitive di stranieri in visita al duomo [...] e, di fronte a questo flusso di turismo, mi interrogo in maniera imprenditoriale come mai non ci sia un'alleanza [...] c'è una potenzialità che è sotto gli occhi di tutti, una domanda esterna che rappresenta una risorsa, come non ci sono forze che si alleano per darle valore aggiunto [...] mi piace molto l'idea di una rete di imprenditori, [...] una rete di conoscenze, io sono assetato di questa rete [...]. Dicevo investire nel turismo, che è investire nel territorio per quello che il territorio esprime in maniera naturale, ha una vocazione naturale per attrarre persone, quindi gente che ha piacere di venire a stare su questo territorio a vivere, quindi investirei in infrastrutture [...] la bellezza del territorio secondo me è molto trascurata.

I.3. Ho valutato in passato di produrre altrove, nel caso specifico in Cina [...] sono rimasta a ... perché possiamo produrre ancora, dobbiamo cambiare alcune logiche e dobbiamo forse adattarci ai mercati che cambiano [...]. In Cina se avessi dovuto comprare il tessuto che a me interessava me lo facevano pagare quasi quanto la ... finita per la loro politica di prezzi; inoltre mi sarei esposta a una grossa fragilità: mi rendevo responsabile di un prodotto sul quale non potevo garantire la qualità in tutto il processo di produzione; allora ho cambiato produzione, verso il prodotto più di lusso, che produrremo sempre noi, per cui il valore aggiunto poteva essere completamento diverso. È diventata una questione non di quantità ma di qualità. Bisogna essere pronti a cambiare in continuazione.

I.4. Noi siamo sul territorio perché siamo di qui, la famiglia è di qui. I miei operai in alcuni casi hanno un livello scolastico elevato.

Qui noi partiamo dal presupposto di dover formare in azienda le risorse che si trovano sul territorio, sicuramente sarebbe di grande utilità avere un periodo, almeno un anno, in cui si può formare la risorsa e valutarla effettivamente [...] [A proposito dello spostamento di parte della produzione per bassa gamma, e progettazione, in Cina].

Nei distretti le piccole imprese riescono quindi a integrarsi in quello che Giacomo Becattini[2] ha definito «circolo virtuoso smithiano», imperniato sul fatto che la maggiore complessità del reticolo dei mercati particolari delle imprese produttrici rende sempre più fitta la divisione locale del lavoro. Si instaura così un legame profondo tra l'affermarsi di mercati specifici e l'allargarsi della divisione del lavoro, ricreando in tal modo uno dei presupposti fondanti dello sviluppo capitalistico moderno. Altro elemento fondante il distretto industriale è la relazione sempre più stretta tra l'apparato produttivo e la comunità umana sviluppatasi attorno alla piccola impresa, il cui stile di vita è regolato in maniera diretta o indiretta dalle attività industriali del distretto. È stato sempre il lavoro di Becattini a mettere in luce come le imprese presenti sul territorio siano indotte a mettere in pratica dei microadattamenti nei rapporti tra imprese e concorrenti locali, distinguendosi per il forte radicamento nei confronti della cultura specifica di un gruppo umano dell'area e dunque difficilmente trasferibili in altri luoghi. In tal modo i distretti industriali nazionali si differenziano dai *clusters*, definiti semplicemente come insiemi di imprese collocate in un'area circoscritta, oppure unite da relazioni interne delle più varie forme e colori. La definizione moderna di distretto industriale aggiunge infatti il *fattore locale*, caratteristica vitale della realtà distrettuale in grado di fondare senso d'appartenenza e coesione sociale, elementi indispensabili per sopravvivere nel mercato competitivo e progredire tecnologicamente e organizzativamente nel tempo.

La riflessione su questo fenomeno si deve dunque all'opera storicamente fondamentale, per il pensiero economico moderno, di Becattini, il quale, lo ripeto, reinterpretando in forma originale il pensiero di uno dei più grandi economisti industriali, Alfred Marshall, coniò negli anni ottanta del Novecento la definizione di «distretto» per identificare i plessi di aggregazione storica delle piccolissime e piccole imprese, sottolineandone non solo il valore in sé dal punto di vista economico, ma reinterpretando, grazie alla loro resiliente persistenza, tutto il percorso di crescita delle società industriali moderne. Va ricordato, tuttavia, che già Giorgio Fuà, da par suo, aveva ricordato, in lavori d'importanza capitale[3], che nelle agglomerazioni territoriali di imprese emergevano distintamente processi darwiniani di selezione. Questi falsificano, giustamente, l'assunto becattiniano che il meccanismo decisivo del «distretto» sia la cooperazione. In tali distretti, infatti, è presente la crescita di imprese *leader* e di imprese *follower* e perdenti, con una selezione che non può essere mascherata da una spesso troppo facile retorica che ostacola le trasformazioni dei distretti medesimi a fronte della crescente concorrenza internazionale. Ciò è evidente con la globalizzazione e i suoi ultimi risultati sulla configurazione stessa dei processi di fabbricazione e dei profili manifatturieri[4].

Al finire del XX secolo, in ogni caso, è apparso evidente che erano in azione potenti forze storiche che contraddicevano quella che si pensava fosse una sorta di concentrazione totalitaria del tessuto economico nelle grandi imprese. Essa si realizzava sì nei settori tecnologici più evoluti e dinamici quanto alla creazione di nuovi paradigmi innovativi, ma contestualmente alla crescita incessante di nuove imprese piccole e medie in molti dei settori industriali e dei servizi caratterizzati in primo luogo da cambiamenti tecnici e adattivi delle già avvenute rivoluzioni tecnologiche. Nell'industria informatica e nei servizi ad alto gradiente di risorse specializzate e idiosincratiche, per esempio, si assisteva e si assiste al proliferare di piccolissime, piccole e medie imprese in filiere tecnologiche paradigmaticamente rivoluzionarie. Il territorio non è più l'ambiente aggregativo fondamentale. Lo sono, invece, i grappoli tecnologici complementari e integrativi di filiere e di configurazioni a frattali di aggregazioni variabili sia di tecnologie sia di imprese che volta a volta si compongono con confini mobili. I distretti sono sia un concetto sia una realtà obsoleta dinanzi alle sfide che emergono dalla concorrenza mondiale e le popolazioni d'impresa si dispongono secondo stratificazioni di pluriunità più o meno resilienti dinanzi ai nuovi compiti che a esse pone la sopravvivenza adattativa. Non solo le tecnologie sono importanti, ma anche i flussi di circolazione del capitale. Se essi si interrompono, spesso sono le imprese medesime a sostituirsi alle banche e in molti casi si capovolgono storici processi di dipendenza tra imprese capofila e fornitori. Per esempio, queste ultime possono fornire di macchine le imprese storicamente terziate che posseggono competenze idiosincratiche ma che non sono in grado di accedere al credito per acquistarle. E le imprese che forniscono i denari per macchine in cambio di produzione – scontando il credito – possono essere in Germania o negli Stati Uniti, mentre le imprese idiosincratiche – per qualità della manodopera e puntualità di consegna e di affidabilità – possono essere in Italia o in Portogallo e possono essere, anzi in maggioranza sono, imprese artigiane o di piccole dimensioni.

I.5. In anni di esperienza nel settore ... non ho mai visto fallire un'azienda che ha un grosso contenuto di tecnologia [...], ho saputo cogliere la tecnologia migliore e la più economica, [...] ho saputo cogliere i lati deboli e i lati positivi [del cambiamento tecnologico] Perché ...? Gli ... di ... hanno sempre avuto ricchezza di gusto e senso del bello che io ho cercato di incapsulare nel mio lavoro [...] non ho mai avuto bisogno di soldi, sono sempre arrivato con l'autofinanziamento [...] ho avuto la spregiudicatezza di scegliere tecnologie [...] da artigiano ho saputo immagazzinare e portare avanti un processo industriale [...] all'inizio mi hanno accusato di pazzia, «cosa pensa di fare in quel modo?» [...] anch'io ho il terrore dell'*inkjet* [che l'innovazione tecnologica possa soppiantare il mio processo produttivo come io ho fatto a mio tempo con gli artigiani], però nel ... [nell'innovazione] io ho tutta la mia preparazione [...]. I cinesi sono andati a Prato, sono loro che diventano imprenditori, noi abbiamo il contenuto, la logistica, gli incisori, siamo un polo abbastanza centrale di cotonieri, cerchiamo di non perdere tutto questo *background* di conoscenze e di innovazione.

La crescita della piccola impresa è in primo luogo la comprova dell'esattezza della definizione dell'impresa come moderna forma di *Vereinigung*, ossia di associazione volontaria dal fine specifico: il raggiungimento di un sovrappiù mediante la creazione di nuovi prodotti e servizi offerti al mercato e alla società attraverso l'associazione volontaria delle persone che la costituiscono e che ne determinano, con la loro azione sociale, le forme e quindi le dimensioni, i confini. E i confini sono sempre variabili.

Nell'ultimo decennio la forza espansiva dei distretti industriali si è, quindi, fortemente attenuata. La causa principale di ciò non è la terribile crisi sia industriale sia finanziaria in cui siamo immersi[5].

Vi sono anche altre trasformazioni oltre a quelle decisive che ho già ricordato: l'elevata concorrenza a cui i distretti non possono più porre riparo con le loro economie di aggregazione e i patrimoni di reciprocità; l'emergere non solo di nuovi mercati ma altresì di diverse filiere produttive che assomigliano sempre più a *clusters* tecnologici i cui frammenti sono in varie parti del mondo; i confini sempre più mobili delle imprese.

Un nuovo orizzonte non aggregativo ma di collegamenti e di relazioni a geometria variabile, mobile, per le piccolissime e piccole imprese si sta delineando, ma ha l'aspetto più di un cristallo a frattali che di un'aggregazione territoriale. Il territorio non è più, ammesso che lo sia mai stato, l'elemento decisivo della localizzazione, della sopravvivenza e della crescita della micro e piccola impresa.

È troppo presto, però, per trarre conclusioni teoriche definitive.

Studiamo la realtà, riflettiamo su di essa. Ascoltiamo la voce degli imprenditori e impariamo dall'ascolto.

Ecco, a questo proposito, due testimonianze a «significatività diffusa», ossia che raccolgono molte delle tematiche tipiche a cui facevo cenno e che rendono manifesta un'alta autoriflessività cultural-imprenditoriale dinanzi a un fenomeno emergente di grandi dimensioni.

I.6. Un punto di forza di qui è l'imprenditorialità diffusa, c'è gente che ha voglia di mettersi in discussione sul mercato, però forse è una

cosa che riguarda un po' più il passato e grazie a questa imprenditorialità diffusa dagli anni quaranta in poi, adesso qui noi abbiamo una bella rete di aziende di servizi e di supporti alle aziende.
Per quanto riguarda i punti di debolezza, l'orografia del territorio non ci consente di fare punti di collegamento così veloci, per andare da ... a ... ci vuole lo stesso tempo che per andare a Bologna, ma potrebbe diventare un'opportunità, nel senso che se abbiamo problemi a muoverci è perché il territorio è vario, è bello, quindi potrebbero esserci delle opportunità turistiche che non dovremmo lasciar cadere [...] al di là di qualche eccellenza, penso che ci sarebbe bisogno di fare buoni servizi a livello medio o recuperare spazi. Poi a me piace sciare e vedo che le località turistiche di questa zona sono tutte abbandonate, è bastato un decennio di poca neve per chiudere tutto, adesso con le tecnologie si potrebbe fare di più, penso a San Primo, a questi posti dove con un po' più di creatività e di voglia di darsi uno sviluppo turistico alternativo potrebbero esserci opportunità.
La nostra clientela è quasi tutta in ..., non perché non vogliamo esportare, ma perché di fatto in ... viene prodotto più del 60% dei bulloni usati in Europa, quindi noi siamo belli comodi nel girone infernale giusto, poi all'estero ci siamo dotati di rappresentanti in Germania, in Francia, in Turchia e in Sud America [...]. In tutto il mondo occidentale abbiamo attivi 220 clienti e il 221° non lo vogliamo perché è uno che dà problemi o che non paga [...] siamo la Silicon Valley europea, io credo ci sia la concentrazione di ricchezza e di opportunità più alta al mondo, io me ne sono accorto dopo aver fatto il giro del mondo, questo è il posto più bello, bisognerebbe fare dei pullman per far girare gli imprenditori. Qui c'è tutto, c'era questo architetto genovese che non riusciva a fare da lui delle scale di design e tutte le volte che veniva con un pezzo un po' strano io gli trovavo minimo tre fornitori e questo la terza volta che è venuto mi ha detto: «Ma non è possibile, io qua vengo e tu mi fai vedere tre opportunità minimo, a Genova faccio fatica a trovarne uno e faccio fatica a spiegargli cosa voglio, qui è tutto già quasi fatto, già quasi pronto, allora questa ricchezza che è nostra va fatta circolare».
Abbiamo avuto come tutti le nostre crisi, quando abbiamo ridotto il personale – ci è capitato due volte – [i dipendenti] raramente li abbiamo lasciati per strada, abbiamo enucleato un reparto e l'abbia-

mo fatto diventare un'azienda esterna, ad esempio abbiamo creato dal reparto di manutenzione un'azienda esterna che faceva manutenzione a chiamata sia per noi che per altri, in questo modo non abbiamo licenziato quasi nessuno. Mio padre era un genio, adesso ha 83 anni però è un imprenditore seriale, è uno che quando c'è un problema comincia a ragionare e si chiede se non si possa fare un'azienda per risolvere quel problema, la definizione di imprenditore in Italia è qualcuno che risolve un problema e che riempie un vuoto, in America è uno che risponde a una *market pain*, a un dolore del mercato si risponde con una nuova idea, una nuova impresa [...]. Qualche anno dopo eravamo in crisi perché non riuscivamo a soddisfare le esigenze del mercato, allora abbiamo comprato una piccola trafileria di cui un nostro concorrente voleva disfarsi e vi abbiamo destinato una parte della produzione che aveva bisogno di essere personalizzata in maniera pesante. Due dei cinque soci erano lavoratori fisici in azienda e curavano per bene le cose come se fosse una boutique e questo ci ha consentito non solo di mantenere ma di sviluppare delle nuove quote di mercato. Qualche anno dopo eravamo in crisi sul discorso della quantità, c'erano alcune finiture che richiedevano la produzione continuativa mentre noi qui siamo strutturati come azienda di servizio a chiamata, allora per contenere i costi abbiamo aperto e fondato una nuova piccola trafileria a ..., qui vicino, abbiamo installato lì delle macchine a produttività alta e loro lavorano per noi, attaccano i nostri cartellini, ma anche lì sono due soci che producono per noi in grande quantità a ciclo continuo. Tutti e due questi nuovi *spin-off* sono stati creati grazie al contributo dell'azienda di manutenzione. Noi siamo un'azienda *pull* che si fa tirare dal cliente, reagiamo in base all'esigenza e quando l'esigenza diventa continuativa creiamo l'impresa «per». Il nostro mercato è in continua evoluzione [...]. Il cliente ci chiede un acciaio ad esempio un po' più morbido o un po' più duro, allora si va per tentativi con l'esperienza che abbiamo, quindi il cliente chiede e quando la cosa diventa consolidata si va, poi se diventa grande la trasferiamo allo *spin-off* che fa quantità [...]. Grazie a questo *milieu* che si è creato noi abbiamo scambi continui con i nostri clienti e loro con le case automobilistiche o con quelli che hanno bisogno di prodotti per l'idraulica, c'è questo continuo *feedback* vediamo se torna, ci stiamo

coi prezzi o non ci stiamo coi prezzi, perché spesso non è solo tecnica la cosa, devo fare questo prodotto, il mio concorrente turco lo fa al 20% allora cominciamo a dire: lavoriamo sul processo, lavoriamo sull'acciaio... la cosa è quotidiana, ci sentiamo di continuo al telefono, il nostro lavoro è quella roba lì. Siamo un'isola felice da quel punto di vista perché non ci lasciamo scappare niente.
Noi diamo lavoro e poi c'è da pensare anche all'indotto, in Italia chi fa l'imprenditore viene considerato qualcuno che porta via qualcosa a qualcun altro, c'è la sindrome della fetta piccola, in realtà io lavoro perché la torta sia più grossa [...] da noi negli anni sessanta abbiamo costruito i depuratori per le acque consortili che evitavano di andare a rubare l'acqua ai cittadini, poi i depuratori sono diventati parzialmente pubblici, adesso sono a maggioranza pubblica, quindi se non fossero partiti gli imprenditori a fare i depuratori ... oggi non sarebbe quella che è, allora questa cosa nessuno la sa, perché un difetto nostro è non mettere i manifesti sui muri [...]. Questa cosa come cultura andrebbe ripresa e rimessa in circolo [...]. Il locale di qui è cattivo di suo, però qualcosa di buono si può tirar fuori.
Noi abbiamo dei software che dicono l'acciaio che ci vorrebbe per un certo prodotto, un po' sveltisce il lavoro e un po' non essendoci le competenze diffuse per i ragazzi che escono dall'università i software li aiutano, poi dopo dieci anni lo sanno fare loro. La ricerca e sviluppo magari la fa l'acciaieria [...]. Adesso abbiamo fatto una scuola di fabbrica esterna per gli interinali, abbiamo bisogno di interinali che però siano formati [...]. Abbiamo messo in rete una specie di bando, in cui abbiamo detto: ragazzi chi vuole viene, 150 ore di formazione in fabbrica, non vi assumiamo però sappiamo che voi siete gli interinali eletti ad essere presi per primi quando abbiamo bisogno perché vi abbiamo già detto che cosa potreste fare, io giovedì vado a fare un primo incontro perché su otto che attitudinalmente potrebbero servire per un laboratorio che devo aprire vado a vedere quali prendere, me ne servono tre, e questa è una bella idea che è venuta al direttore delle risorse umane insieme alle associazioni e i corsi vengono fatti presso l'associazione industriali e c'è l'appoggio di tutti quelli che stanno intorno, i sindacati piuttosto che le imprese di lavoro interinale. E ad esempio una cosa del genere sul territorio andrebbe fatta più diffusamente.

I miei fratelli più giovani non si ricordano, non hanno la percezione delle crisi che abbiamo avuto qui [...] il trasferimento storico di quello che è successo ogni tanto è una roba da rimettere lì [...] siamo tutti presi nel quotidiano, a gestire le cose dall'oggi per il domani, il fatto di prendere uno e metterlo a fare comunicazione sul passato ti dicono: con quello che c'abbiamo da fare per il domani figurati se ci mettiamo a fare qualcosa per ieri, però l'investimento a lungo termine magari potrebbe essere fatto.
Se noi non investiamo in quella cosa lì, siamo qui con le nostre macchine che non sappiamo cosa metterci dentro. Siamo passati dall'età del *budgettismo* esasperato, ma capire cosa consumerà la gente, intercettare i bisogni della gente?
Ai giovani si fa fatica a fargli venire l'entusiasmo se gli metto il mio vestito, se gli dico vai dal sarto e fatti fare il vestito su misura si entusiasmano, non posso pretendere che la mia giacca vada bene a mio figlio, non posso pretendere che la mia azienda possa piacere ai miei figli, tanto è vero che ho una figlia che fa moda e un figlio che fa la scuola del fumetto e medita di diventare una rock star, allora dico: ragazzi, seguite le vostre attitudini, se volete venire a lavorare vi mettete lì con gli operai, se poi sul campo vi guadagnate la dirigenza ... alla Bocconi ti dicono che le fabbriche devono sopravvivere alle famiglie, ma io ho visto le famiglie sopravvivere e morire le fabbriche con i cinesi, allora c'è qualche slogan da cambiare! Se avrò un figlio o un nipote capace di far crescere questa fabbrica ben venga. Forse non sono stato fortunato come mio padre che aveva me che avevo piacere a portare avanti l'azienda [...]. Noi fratelli facciamo i consigli d'amministrazione sulle scale, chiaramente ci sono dei manager capaci, ho un fratello che è esperto di management della contabilità e finanza che è il gestore della cassa di tutto il gruppo, un altro che segue le PR, che sembra che non faccia nulla, però questo conosce tutti e parli di qualcuno e lui subito chiama, su questo è stato bravo mio padre a distribuire le carte in modo equo e soprattutto attitudinale, io per età sono un po' il vice-papà, c'è un equilibrio gestionale [...]. Poi ci vogliono i manager bravi, di cui ti puoi fidare, noi in genere li prendiamo da giovani e li facciamo crescere qui, se no a volte nella squadra nuova non c'è la memoria storica, e uno dice: quella cosa lì non la sapevo, eh, l'abbiamo fatta trent'anni fa e nessuno te l'ha

detto, noi comunque stiamo facendo una wiki aziendale, che sarà però chiusa al nostro interno, questa idea mi è venuta dopo che sono andato nella Silicon Valley due mesi fa.
[...] ci vorrebbe innanzitutto un sistema di mobilità delle auto, dei treni e dei camion che faccia il giro, a questo punto cominciano a girare le persone e questa diventa una grande metropolitana, noi di fatto siamo già una megalopoli senza rendercene conto [...]. La roba gliela devi portare a casa alla gente, come per le fiere, ognuno ha voluto fare la sua, ma io dico è giusto che se non posso andare a Milano a visitare una fiera ci sia qualcuno che me la porti a ... o a ..., potrebbe essere un'opportunità, è chiaro che bisogna fare i conti con i costi, però a volte facendo troppe economie di scala ci perdiamo altre opportunità, ad esempio le scuole: perché devo fare dei plessi da 500 persone?

I.7. Se parliamo del nostro mondo ... si è creato qui questo distretto da decenni a questa parte [...] adesso siamo in pochi, perché anche i terzisti della zona stanno scomparendo per i motivi più vari, il punto di forza è che in questa area riusciamo a fare lavori che altri non riescono a fare grazie al sistema e alla mentalità, perché ci sono aziende familiari, abbiamo aiuti e riusciamo a generare dell'eccellenza in vari campi.
Sono cambiati anche i modi di fare della gente, un tempo si mettevano via i soldi per comprare i mobili, adesso la gente li usa per comprare il televisore, fare i viaggi, la classe media non c'è più o si è ridotta tantissimo [...] noi lo vediamo dagli ordini, facciamo composizioni abbastanza grandi, mentre dagli ordini le composizioni sono tutte piccoline, si vede che lo spazio è quello lì. Se si va sul mondo *contract*, devo dire che la nostra forza è data da qualità, servizio, tempistica, perché noi nel distretto siamo attrezzati bene e riusciamo ad affrontare progetti complessi, a seguire i sogni di un architetto per un suo cliente e riusciamo a darglielo fatto bene in poco tempo grazie ai muscoli che abbiamo, grazie all'indotto, se ci mancassero i vari terzisti non riusciremmo, anche perché nei progetti importanti c'è del legno e tutti gli altri materiali, il vetro, l'alluminio, ecc. E la tendenza è dare il *fit out* a un unico interlocutore, che vuol dire non dare solo il legno, ma anche i pavimenti, il bagno, ecc. Più ci si allontana dai

nostri confini più diventa problematico per la manovalanza che non è preparata, allora magari in India costa meno la manodopera, ma dovresti mandare le tue squadre ad insegnargli, per il montaggio un po' ci si arriva, ma per produrre lì la vedo impossibile, perché se ad esempio si parla di alberghi è tutto *custom made*, è dura affidarti a produttori locali.
Punti di debolezza, non si riesce a fare gruppo, proprio zero, in tutti i tentativi fatti in passato di consorzi o associazioni di vario genere per vendere o per comprare non abbiamo fatto che qualche riunione, poi abbiamo piantato lì. Provi a pensare truciolati e vernici, parliamo di svariati milioni all'anno, pensi al risparmio se ci mettessimo insieme a comprare dal fornitore, ma non si riesce, perché ognuno ha i suoi segreti, non c'è stato verso, è una roba facilissima, e questo l'abbiamo provato seriamente, ma che importanza ha se uno sa cosa compra la mia azienda o un'altra, cosa importa? Per quanto riguarda la vendita anche lì, dai ci mettiamo insieme, che bello, poi niente, se voglio guardare me stesso quando abbiamo fatto un consorzio per aprire un negozio a New York, lo spazio là costa tantissimo, magari ci mettiamo insieme, io faccio i mobili, tu le cucine, tu le lampade, tu i salotti, tu le cucine, prendiamo lo spazio, dividiamo i costi, poi uno che contattava i clienti e vendeva direttamente senza farli passare dal negozio, perché così riusciva a fare un prezzo più basso, però così il negozio non si finanzia, sono i segreti, i giochini, una roba micidiale [...] allora adesso noi vogliamo aprire un negozio a Londra e finirà che lo faremo da soli perché non c'è verso, poi c'è anche tanta titubanza perché noi abbiamo un'esperienza in ... di un'azienda di imbottiti e di un'azienda di mobili che per anni hanno cercato di invadere il mercato insieme e questa cosa ha funzionato molto bene finché quella di mobili ha deciso di fare i salotti anche lei, e l'altra ha detto: non mi sta più bene, o vendi i miei o vendi i tuoi, allora poi dividersi, rifare la distribuzione è durissima e quindi uno sta attento.
Io non credo assolutamente alle missioni perché non riesci mai a colpire chi effettivamente ti interessa, per quanto riguarda il nostro settore non funziona, noi che prima di vendere delle tavolette vendiamo dei sogni abbiamo un altro approccio [...] portare qui gli architetti.
La manodopera è scarsissima, un disastro a tutti i livelli, si fa sempre più fatica a trovare gente che vuole lavorare in fabbrica, ma anche

in altri ambiti specifici del nostro mestiere, tranne l'amministrazione che trovi chi vuoi, gente che sa le lingue per vendere più o meno [...] però gli uomini del nostro settore ce li rubiamo l'uno con l'altro, tu cerchi di farli crescere sperando che non se ne vadano via, esempio una figura fondamentale: i project manager, bisogna essere preparati tecnicamente, avere voglia di imparare, devi conoscere almeno l'inglese, essere pronto ad andare in giro, non se ne trovano [...] ce li rubiamo perché se uno quell'anno è scarico vanno tutti dall'altro. ... quest'estate ci siamo trovati per discutere di metter su qualcosa di formazione più specifica del settore, perché formarli in azienda costa, poi magari uno va a Milano, ma nelle nostre aziende c'è possibilità di fare carriera e anche in fretta, se uno ha i numeri te ne accorgi subito, ma anche in fabbrica: i capireparto che abbiamo sono tutta gente che è cresciuta internamente, se tu fai una ricerca per un caporeparto non lo trovi, ti devi coltivare i tuoi bravi. Nel tessile c'è un rapporto con alcune scuole, stage a tutto spiano, nel mobile non esiste. Poi se uno si laurea ... magari punta a qualcos'altro [...] mia nipote ha 29 anni, è andata nella multinazionale Johnson&Johnson, ha trovato la capa giusta, non ha problemi se le dicono domattina vai a Bruxelles, in un'impresa qui intorno non verrebbe mai, ma insomma poi l'importante è che uno abbia voglia di lavorare.
Noi siamo 65% Italia e 35% estero, ma dobbiamo lavorare sull'estero per crescere, perché in Italia non si riesce a crescere. Noi vogliamo essere riconoscibili nel mondo per il nostro modo di fare, la casa nostra è così, se ti piace bene se no andrai da un altro [...] noi non dobbiamo confonderci né coi nostri concorrenti né cambiare rotta perché disorienti il cliente, l'azienda è sempre aggiornata, guarda sempre avanti, ma è sempre quella [...]. Per l'innovazione abbiamo un po' le mani legate, perché nel nostro settore non c'è molta innovazione, noi dobbiamo dare oggetti che durino nel tempo, il più raffinati possibile, che non stanchino, che devono sembrare fatti apposta per te cliente, che sono industriali ma che sembrino artigianali, però si fanno anche degli esperimenti, un fornitore dei vetri mi ha detto: se provo a fare una lastra di vetro vuoto dentro, poi la possiamo montare che scorre sulla libreria e l'abbiamo fatto, all'inizio non riuscivano a fare il vuoto dentro poi sono riusciti e adesso abbiamo questo vetro che scorre. È un *do ut des* perché i fornitori

ci portano l'idea, ci fanno vedere questa carta qui, questo vetro qui e ci chiedono: cosa ne pensi? Noi diciamo, magari, sì è interessante però dovresti modificare questa cosa qui e loro poi ci pensano e poi le cose in questo scambio a volte vengono fuori.
Mio padre al di là del carisma e della grinta che aveva e io non ho, lui è stato veramente in gamba, uno di quelli che nel momento giusto è saltato dall'artigianato all'industria, perché voleva espandersi allora ha iniziato a girare, in Germania dove c'erano le macchine, storia recentissima, e riusciva a fare qualcosa in più degli altri, qui allora c'erano solo i prati però lui voleva fare questo quadrato qui in cui fare veramente industria, all'inizio è stata durissima, poi ha trovato il modo di farlo [...] era anche un po' più facile di adesso, chi aveva l'idea e aveva voglia di sbattersi, c'era il modo, c'era un boom economico impressionante, adesso tra crisi e problemi di vario genere è più difficile [...]. Io già non sono come quelli là, se guardo i miei figli e i miei nipoti ancora peggio, non sono così grintosi, se vogliamo generalizzare un attimino è così, uno basta che legga il giornale e gli passano subito gli entusiasmi, se ho voglia davvero vado negli Stati Uniti o da qualche altra parte a lavorare che forse è meglio.

note

[1] A. Marshall, *Principi di economia*, Torino, UTET, 1987.

[2] G. Becattini (a cura di), *Mercato e forze locali: il distretto industriale*, Bologna, Il Mulino, 1987.

[3] Di G. Fuà si vedano *Industrializzazione nel Nord Est e nel Centro*, in G. Fuà e C. Zacchia (a cura di), *Industrializzazione senza fratture*, Bologna, Il Mulino, 1983, G. Fuà (a cura di), *Orientamenti per la politica del territorio*, Bologna, Il Mulino, 1991 e *Crescita economica. Le insidie delle cifre*, Bologna, Il Mulino, 1993.

[4] P. Marsh, *The New Industrial Revolution*, New Haven, Yale University Press, 2012.

[5] G. Sapelli, *La crisi economica mondiale. Dieci considerazioni*, Torino, Bollati Boringhieri, 2010.

7. L'imprenditore e la sua famiglia: forza e radice della piccola impresa

L'imprenditore tenderà sempre a utilizzare il mezzo meno costoso per raggiungere i suoi fini attraverso l'impresa e la legge della migliore utilizzazione delle risorse tecniche si applica anche agli imprenditori medesimi, che sono selezionati o sostituiti in base alle loro capacità di essere più o meno efficienti nella scelta dei mezzi più idonei per il perseguimento dei fini che essi prefissano all'impresa e – nel caso di quella piccola – a se stessi e alla loro famiglia.

Questo principio di sostituzione si applica nei mercati in una forma così pervasiva che nessuna grande impresa o nessuna forma di alleanza tra grandi imprese può completamente impedire che esso si determini incessantemente.

La forza crescente delle volizioni degli imprenditori è un formidabile strumento di mobilitazione e di ascesa sociale: essa tende continuamente a sfidare e a infrangere i monopoli esistenti e offre a coloro che riescono a possedere o a usufruire di capitali, unitamente alle loro conoscenze tecnologiche e gestionali, nuove vie per fondare e far progredire nuove imprese, in un'incessante oscillazione tra alti tassi di natalità e alti tassi di mortalità che caratterizzano le piccole imprese.

Tale fenomeno differenzia fortemente la piccola dalla grande impresa, che tende all'irreversibilità e sviluppa potenti forze per arrestare il declino, unitamente all'altra grande differenza storica che qui di seguito enuncio. La grande impresa, come ho già detto, sviluppa forme organizzative sempre più complesse, tanto più quando il suo controllo si separa dalla proprietà ed è quindi fondata su un articolato sistema di ruoli. La piccola impresa, invece, si modella sulla persona e sulla famiglia dell'imprenditore proprietario e ne segue e ne preforma potentemente i destini. Da ciò ne discende un sistema organizzativo frugale e tutto incentrato sul *core business* e sulle capacità tecniche del proprietario imprenditore e dei suoi più immediati collaboratori.

L'elemento di fondo che determina la storicità della piccola impresa è proprio tale sovrapposizione della proprietà familiare con il controllo gestionale. Pur di non perdere i vantaggi immediati che derivano da tale sovrapposizione, l'imprenditore e i suoi familiari scelgono coscientemente di non sviluppare la dimensione di scala dell'impresa. Se così facessero, infatti, essi dovrebbero incrementare e adattare nuove capacità e servizi manageriali per espandere l'aera del coordinamento delle risorse impegnate nell'impresa, così da poterne ampliare i confini. Di qui la scelta di mantenere questi ultimi in dimensioni limitate, a costo di non intraprendere strade di crescita forse ben più redditizie, ma anche ben più incerte. Da questo punto di vista la piccola impresa è mossa non solo dal movente del profitto capitalistico, ma anche e soprattutto dal principio della continuità del controllo corporato (in senso antropologico, ossia di gruppo, di aggregato umano «naturale») che la famiglia esercita sull'impresa, che si vuol così sottrarre con ogni mezzo al mercato dei diritti di proprietà. La forza del profitto e dell'accumulazione capitalistica agisce, quindi, in forme non dispiegate, costretta com'è dai vincoli dell'iscrizione agnatica e dell'ereditarietà biologica.

E tale ereditarietà biologica è la vera questione critica della continuità dell'impresa con la morte del fondatore.

I.8. La voglia di intraprendere è un po' sopita, anche perché i figli sono pasciuti, non hanno più stimoli.
Per quanto i miei figli abbiano fatto esperienza sia in azienda che fuori, siederanno nel consiglio di amministrazione della holding e l'azienda sarà governata da manager professionisti: è doloroso dire queste cose perché a livello di orgoglio di padre la cosa più bella sarebbe vedere mio figlio amministratore delegato dell'azienda, ma so che farei la sua condanna perché dovrebbe misurarsi coi valori di suo padre e lo metterei in grande difficoltà e tutti direbbero tuo padre avrebbe fatto in modo diverso, avrebbe fatto questo o quest'altro. Per il bene dei miei figli e per il bene dell'azienda, perché il futuro

potrebbe essere incerto, potrebbero litigare, avere altri problemi, viste le esperienze di altri, è *molto* meglio che i miei figli imparino a fare il governo dell'azienda, piuttosto che dirigere l'azienda, e questo mio pensiero personale è condiviso in famiglia dai miei stessi figli che stiamo preparando.

Una comprova della densità dei fattori familiari nel contrassegnare i percorsi di vita delle micro imprese si ha nel fatto che la presenza della piccola impresa è rilevante storicamente in primo luogo nei settori a bassa intensità di capitale fisso e in cui non sono presenti determinismi tecnologici che impongono, per produrre determinati beni, alte dimensioni di scala (come è, per esempio, nella chimica etilenica o nella siderurgia a ciclo integrale) e quindi la raccolta di masse ingenti di capitali per le quali sia l'autofinanziamento sia il debito bancario non sono sufficienti e si impone un ampio ricorso al mercato dei diritti di proprietà tramite la borsa.

La piccola impresa ha sempre adottato, in tutta la sua ormai lunga storia, un comportamento che enfatizza i bassi costi degli *input* (dal lavoro alle materie prime) e una produzione altamente differenziata e di nicchia, che consente una grande flessibilità e un rapido adattamento alle congiunture dei mercati. Il suo sistema organizzativo, lo ripeto, è incentrato sull'imprenditore che coordina direttamente i fattori del capitale, della produzione, del lavoro e della vendita, circondandosi di pochi collaboratori non salariati e altresì di lavoratori salariati professionalizzati in grado di vedersi delegate estese funzioni di organizzazione tecnica dei processi produttivi. La piccola impresa apprende, più di quanto non accada nella grande, per prova ed errore, risolvendo volta a volta i problemi che le si propongono e scegliendo in forma discontinua di affiancare al proprietario imprenditore ristrette coorti manageriali via via che la sua dimensione di scala cresce. Ma queste ultime godono, di norma, di autonomie dirigenziali molto ristrette e si vedono costrette nel continuo controllo pervasivo della proprietà familiare o individuale.

La piccola impresa è, quindi, la dimostrazione più evidente che l'impresa nella sua generalità non può comprendersi soltanto sulla base dell'efficienza o meno dell'integrazione verticale di risorse altrimenti disperse sul mercato. Si può scegliere di non perseguire tale integrazione quali che siano i costi delle transazioni a cui si deve sottostare, o quale che sia il livello di idiosincrasia (ossia non producibili altrove e da altra manodopera che non sia quella che ha affinato specifiche competenze non riproducibili) dei fattori scambiati o scambiabili.

L'impresa, piccola o grande, infatti, è una forma complementare del mercato, e quando non supera l'identificazione della proprietà con il controllo, come accade nella piccola, si presenta come continuità funzionale della famiglia e dell'ascrizione biologico-ereditaria nella divisione sociale del lavoro.

Gli studi che sono apparsi negli ultimi vent'anni sulle piccole imprese in Asia, in Sud America e in Africa le assimilano a quello che può identificarsi come il settore informale dell'economia e dello sviluppo imprenditoriale. Tale settore si caratterizza per la facilità all'entrata che caratterizza i nuovi imprenditori nelle nicchie in cui scelgono di operare. Ed essi operano con risorse soprattutto endogene, che si distribuiscono tra una famiglia estesa e ramificata, quale può essere, per esempio, quella patriarcale cinese o quella agnatica andina, e si modellano su tecnologie semplici e adattate a un contesto di alta intensità di lavoro. Lavoro che si basa su competenze acquisite al di fuori di ogni scolarizzazione formale.

Non è un caso che la cosiddetta *petty commodity production* sia stata interpretata seguendo le teorie dello scienziato sociale menscevico – ucciso dal terrore staliniano negli anni trenta – Alexander Chayanov[1], che a mio parere è il più grande teorico della piccola impresa del XX secolo.

Egli teorizzava la permanenza della piccola impresa contadina al di fuori dei consueti schemi applicativi fondati sulle categorie economiche standard dei prezzi, del capitale, dei salari, dell'interesse e della rendita. Per Chayanov essa modella, invece, i suoi comportamenti sulla famiglia come unità di produzione di un *output* determinato dalla declinante utilità marginale delle risorse che essa incorpora nell'impresa e dall'invece esponenziale incremento, a fronte di ciò, della fatica dei membri della famiglia tutti impegnati nel duro lavoro di riproduzione di se stessi, quindi della loro unità familiare e quindi dell'impresa.

Questa teoria, che Chayanov pensava fosse applicabile solo all'impresa contadina, rivela, a mio avviso, la straordinaria capacità euristica di comprendere i comportamenti e gli ordinamenti giuridici di fatto delle piccole imprese, tanto più allorché esse – come è accaduto nell'ultimo trentennio del Novecento – si diffondono nei paesi un tempo in via di sviluppo, a causa di quelle «universali ragioni» che mi sono sforzato di sintetizzare e che si diffondono velocemente nei paesi non europei e fuori dal Nord America. Questo modello è il più idoneo per comprendere appieno le caratteristiche salienti della piccola impresa italiana.

L'Italia è il paese per eccellenza della piccolissima e piccola impresa perché è tra le società mondiali in cui è più pervasivo il predominio di quella società naturale che è la famiglia, che esercita un ruolo dominante su tutte le altre forme umane intermedie in cui si articola e differenzia la società.

L'uso del lavoro familiare, la limitata divisione del lavoro nell'impresa, la produzione che si svolge nelle vicinanze del luogo di vita della famiglia, l'uso di tecnologie non necessariamente semplici, ma comunque applicabili in base alla dotazione di «capitale umano» della famiglia, sono fattori che si riscontrano sempre in queste piccole imprese, che si sviluppano in condizioni che appaiono, a prima vista, controproducenti e avverse. Si pensi al caso delle piccole imprese, per esempio, che si fanno strada negli interstizi dell'economia da grande impresa utilizzando le sinergie e le tradizioni dell'economia di villaggio dalle radici secolari.

Un altro fenomeno storicamente determinante che riassume bene la polifonia della musica che promana dall'emergere dell'impresa come fenomeno della modernità è la crescita che ha caratterizzato l'Italia tra la seconda metà dell'Ottocento e tutto il Novecento: parlo delle imprese a ragione sociale non fondata sul capitale, quanto invece sulle persone, quali sono le imprese cooperative.

Inoltre, il sistema delle imprese italiane è un sistema geograficamente consolidato dalla storia del passato agrario. È il passato agrario, infatti, che fonda il presente e il futuro industriale.

Questo vale *in primis* per la piccola impresa ed emerge soprattutto quando la grande impresa inizia a declinare e la piccola rimane il principale veicolo della crescita economica. Ma in un sistema a localizzazione territoriale non c'è flessibilità intersettoriale (il modello di specializzazione è lo stesso, con le sue virtù ma anche con i suoi difetti, spesso da secoli) né dimensionale. Tende a venir meno la flessibilità territoriale (alla crisi dei vecchi distretti, per esempio, non si accompagna lo sviluppo di nuovi territori). In questo senso gli ultimi vent'anni sono stati difficili per la piccola impresa italiana. Essa, in ogni caso, continua a proliferare, lo si ricordi bene.

Non è vero che l'unico elemento di flessibilità o mobilità guadagnato dal sistema economico italiano (dopo l'ondata dei primi anni novanta) riguarda i grandi gruppi. Qui è mobilità in uscita. Al contrario che in passato, i grandi possono uscire dal mercato. E ne sono usciti in gran numero (grandi case farmaceutiche, grandi case automobilistiche, grandi gruppi chimici, grandi costruttori, e adesso alimentari). I settori tradizionalmente italiani – che vent'anni fa crescevano sul mercato mondiale per i *non price factors*, ossia al di là della competizione sui prezzi dei prodotti perché fa premio la qualità d'eccellenza – oggi arretrano (salvo alcune aree della meccanica). E questa è una novità. È vero, tuttavia, che si assommano ora i vecchi problemi di inefficienza macroeconomica (specializzazione in prodotti a crescita lenta) a nuovi problemi di inefficienza micro (i *non price factors* non bastano più a garantire quote mondiali e profitti). Rischio vero di arretramento competitivo. E rischio di declino, o meglio di crisi di un modello che appariva consolidato e di successo. Senza grande impresa, infatti, l'intero modello italiano, che si era storicamente formato a partire dall'inizio del Novecento con il decollo industriale grazie alla sinergia tra grande e piccola dimensione d'impresa, va in crisi. Era un modello basato sul decentramento: decentramento, allora, rispetto alle grandi imprese e al triangolo industriale Genova-Milano-Torino. Oggi le grandi non ci sono e anche il triangolo non c'è più. Si stenta ormai a vedere un centro anche geografico dello sviluppo. E il decentramento senza centro è un paradosso, è una figura zoppa.

L'interazione, appunto, fra centro e periferia, grandi e piccoli, è stata la forza del paese. Oggi senza centro o centri manca un elemento di propulsione (per la ricerca, la formazione, in generale l'eccellenza). E il piccolo non basta più, da solo, a garantire una crescita endogena, ossia dal basso. Gli sforzi che le piccole imprese fanno a questo proposito sono eroici, come dimostrano anche le interviste comprese nel volume.

nota

[1] A. Chayanov, *On the Theory of Peasant Economy*, Madison, University of Wisconsin Press, 1986.

8. L'economia mondiale della crescita a frattali

Quello che qui mi preme ora sottolineare è il fatto che le prospettive della piccola impresa sono radicalmente mutate grazie alla trasformazione in corso nell'industria manifatturiera e nell'industria dei servizi su scala mondiale. Sembra singolare parlare di crescita in tempi di crisi, ma la crisi altro non è, in teoria, che una parte della teoria della crescita. Per molti decenni nell'analisi economica e storico-economica si è pensato alla crescita su scala mondiale come a un processo convergente. Ossia ci si è domandati quali fossero i fattori che hanno determinato – a partire sostanzialmente dalla metà del Novecento – un andamento su scala mondiale della produttività del lavoro, del commercio, degli stili di vita che via via si facevano, non tanto omogenei, quanto sempre più intensi a partire dalla periferia per giungere al centro. Del resto, questo modello interpretativo era un riflesso di quello che aveva portato David Ricardo a interrogarsi sui rendimenti decrescenti e su come frenare questa decrescita ampliando via via le nuove terre coltivate. Questo modello lo si era trasposto dall'Inghilterra all'Europa quando la «conquista pacifica» dell'industrializzazione aveva varcato la Manica ed era giunta a contrassegnare come un tessuto a macchie di leopardo le tre Europe: quella scandinava, quella continentale e quella meridionale. Oltreoceano gli Stati Uniti avevano compiuto un passaggio all'industrializzazione di tipo autoctono, generando un modello tutto specifico e particolare che si era qualificato essere così convergente – come sviluppo del PIL e della produttività del lavoro – con quello inglese ed europeo da superarlo per ricchezza prodotta. In seguito, come dicevo, dopo la seconda guerra mondiale ci si comincia a interrogare sulle convergenze possibili della crescita. Il punto di partenza non è economico ma politico: ossia la Conferenza di Bandung del 1955 dei paesi non allineati che vede emergere tra i protagonisti della crescita medesima due futuri giganti territoriali come l'Egitto e l'India. La crescita dei regimi a capitalismo monopolistico di Stato dittatoriale, ossia dei paesi a «socialismo reale», non veniva presa in considerazione se non per demonizzarne oppure esaltarne le caratteristiche. Un processo, quest'ultimo, che si ripete oggi con la Cina e che deluderà i seguaci di quel modello che in Cina si presenta in una versione terroristica di dispotismo asiatico, così come deluse i cantori dell'Unione Sovietica. Ciò che conta, in ogni caso, è sottolineare il fatto che l'insistenza era sulla convergenza. Verso che cosa? Verso l'economia mista dei paesi europei e l'economia meno mista e a maggior mercato dispiegato degli Stati Uniti. Non è un caso che questa riflessione sulla crescita si svolgeva in un contesto di dominio internazionale del capitalismo e della forza militare dei popoli anglosassoni: prima le cannoniere e le bandiere del Regno Unito, poi le portaerei e le bandiere degli Stati Uniti. Il passaggio dall'una all'altra leadership, maturato per circa cinquant'anni, di fatto fu immediato, e senza eccessive contraddizioni, tra chi lasciava e chi prendeva il testimone, fatta eccezione per il conflitto che si determinò tra il Regno Unito e gli Stati Uniti in occasione della campagna d'Egitto, allorquando Nasser nazionalizzò il Canale di Suez. Ai paracadutisti francesi, inglesi e israeliani non si accompagnarono quelli nordamericani, perché gli Stati Uniti col gigante egiziano volevano ripetere la mossa del cavallo che avevano realizzato nel 1945 in Arabia Saudita a svantaggio del Regno Unito, ossia scambiare appoggio militare con rifornimento energetico certo e di lunga durata. L'Egitto, più che l'energia, dava il contrafforte antemurale a difesa dell'egemonia nordamericana sugli Stati del Golfo in funzione di contrasto al pericoloso tentativo egemonico dell'Unione Sovietica. Tutto si teneva: leadership militare, leadership economica con l'Europa in funzione ancillare e il processo di convergenza degli ex paesi coloniali, India in testa, verso i picchi anglosassoni ed europei. Come ci racconta Henry Kissinger, nel suo *On China*, anche Mao e Ciu En Lai aspiravano a convergere verso quei picchi e non verso i picchi sovietici. Lo si sapeva già dalla ricerca storiografica, soprattutto nordamericana: ora lo si sa dal racconto dell'unico intellettuale del Novecento che abbia visto realizzare le sue teorie su scala mondiale, il quale ci fa ora leggere le registrazioni dei colloqui che ebbe soprattutto con quel gigante di Ciu En Lai, conservati grazie al prodigioso lavoro del *desk office* dell'intelligence nordamericana che seguiva il più grande diplomatico del Novecento.

Da qualche anno la crescita convergente si è frantumata. Alla sovrapposizione dei grafici si è sostituito un disegno a frattali, ossia a geometrie variabili, mobili, sovrapponibili rapidamente nel loro comporsi. Sembra che non vi sia più un picco verso cui convergere. L'Europa è indubitabilmente in un pauroso declino. Militare, in primo luogo, perché non ha saputo trasformare gli eserciti franco-tedeschi e quelli che li circondavano in un nuovo esercito europeo. Da questo punto di vista, il disarmo della Germania, fortemente voluto soprattutto dall'Unione Sovietica, per motivi ben evidenti, è stato disastroso non solo per l'egemonia politica mondiale dell'Europa, ma anche per la sua crescita economica, che si è vista mutilata da quella minacciosa ma formidabile forza propulsiva che per secoli e secoli, anche prima dell'unificazione nazionale, è stata l'armata tedesca. Del resto, chi è abbastanza vecchio per essere appartenuto al tempo in cui contavano le buone letture per la formazione della persona, ricorderà che la tesi di Otto Brunner in quel capolavoro che è *Terra e potere* è che fu l'intreccio formidabile tra forza delle armi e proprietà terriera feudale a porre le basi soprattutto della potenza prussiana, ma anche dei più potenti Stati tedeschi preunitari. Si potrebbe dire che senza esercito tedesco, lo si voglia o no, l'Europa ha perso ogni influenza mondiale. Non abbiamo neanche potuto tentare di trasformare la velenosa volizione verso il quarto Reich in un armonico e unito esercito continentale che forse avrebbe ritardato il declino europeo su scala mondiale, che non a caso si è fatto irreversibile dopo la seconda guerra mondiale. Ho sempre ritenuto simbolico il fatto che le uniche forze armate che non si ritirarono né da Berlino, né dalla Germania negli anni cinquanta, come fecero quelle francesi e inglesi, fossero quelle sovietiche e nordamericane. Il Nord America iniziava il suo dispiegamento mondiale in forme omogenee anche in Asia, anche qui con il disarmo del Giappone, nonostante la tremenda minaccia della rivoluzione comunista cinese. A combattere nella guerra di Corea non furono né i giapponesi, né gli europei, infatti, ma solo i soldati anglosassoni, nordamericani *in primis*. Naturalmente, questo declino militare è stato mascherato per decenni dalla creazione della NATO, ma si è trattato più di un'operazione diplomatica che militare, come del resto è stato reso manifesto dalla guerra di Libia: l'intervento degli Stati Uniti è stato decisivo e quello degli eserciti francese, inglese, italiano soltanto ancillare. Questo dominio militare si va ridefinendo. E ciò perché nonostante i dissidi ancora in corso, l'Unione Sovietica è crollata e la Russia di Putin è meno minacciosa. Anzi, a mio parere, appare alle diplomazie europee molto più minacciosa di quanto essa in realtà non sia. Ecco dunque che il disimpegno nordamericano in Europa, sempre più evidente, si accompagna alla decrescita economica dell'Europa medesima, anch'essa sempre più evidente e preoccupante, soprattutto per il calo demografico – drammatico in Germania – di cui questa decrescita è insieme il frutto e la causa. Di qui l'emergere di una crescita a frattali, ossia disuguale, che si presenta con forti variabili anche all'interno delle stesse aree di crescita. Una crescita impetuosa, quella asiatica, spesso magnificata perché troppo misconosciuta, dove si unificano realtà sociali ed economiche molto diverse tra loro.

Rimane la sostanza, ossia che oggi è iniziata una divergenza, anziché una convergenza. Se assumiamo il punto di vista europeo, ossia della decrescita europea, quest'ultima diverge in modo evidente dalla crescita asiatica. Io preferisco parlare di divergenza europea dalla crescita transpacifica, ossia dalla crescita in quell'area che ha il suo cuore nel *Pacific Realm* e che ha visto gli Stati Uniti agire in funzione egemonica, unificando in un trattato commerciale più di tre miliardi di persone: dalle Filippine alla Birmania, all'India, al Vietnam, al Messico, al Perú, al Cile, alla Nuova Zelanda, per finire con l'Australia, con cui gli Stati Uniti hanno stipulato un trattato militare il cui significato è chiarissimo, se si pensa che da questo grande accordo è stata esclusa la Cina.

La divergenza europea dalla crescita mondiale, se ci si colloca tra gli indicatori transpacifici, emerge in modo chiaro. Ma la «frattalità» più evidente è quella degli Stati Uniti, il cui destino è enigmatico. Nel corso della crisi economica mondiale odierna il destino nordamericano appare anch'esso divergente. Ma appena si alza il capo dai dati statistici e si guarda appunto al potere attrattivo che il complesso militare ed economico nordamericano esercita su tutte le aree della nuova crescita, di quella divergenza siamo meno sicuri. Sicuramente è una divergenza a geometria variabile, con picchi militari, tecnologici, di controllo energetico, di *capabilities*, che continuano a sopravanzare ogni area della nuova crescita. Se pensiamo poi al ruolo che gli Stati Uniti hanno ripreso a esercitare nell'ultimo ventennio, non a caso dopo la caduta dell'Unione Sovietica, nell'America del Sud, dove il gigante brasiliano è ormai una realtà irreversibile, del declino nordamericano siamo sempre meno certi. Basta pensare, del resto, alla ridefinizione in corso della mappa mondiale dei giacimenti di petrolio: il vecchio primato del Golfo si fa evanescente rispetto alle nuove vie dei giganteschi giacimenti appena scoperti: dal Canada al Nord Dakota, al Texas del Sud, sino alla Guyana Francese e al Brasile. Come si vede gli Stati Uniti sono di nuovo al centro della geografia del potere energetico.

Quello di cui dobbiamo essere certi è che va cambiata la rappresentazione del nostro modello della crescita, passando da quello caratterizzato dal simbolo della montagna più alta e irraggiungibile e lontana al simbolo della catena di montagne, dove una vetta è certo più alta delle altre, ma non è più irraggiungibile, e coloro che vogliono scalare la montagna più alta e lontana condividono i «campi base» di coloro che vogliono scalare le montagne che a quella vetta fanno corona.

Lo stesso cambiamento di paradigma occorre effettuarlo riflettendo sulle trasformazioni dell'industria manifatturiera e dei servizi. Parlo per metafora. Avete mai viaggiato in aereo quando il cielo sotto di voi è una compatta distesa di nuvole, varie e possenti, e poi tutto d'un tratto leggere e sottili? Quella coltre vi impedisce di vedere la terra che scorre veloce sotto di voi. Quello che è accaduto in questi anni nel mondo è una sorta di viaggio aereo sopra le nubi. Le nubi erano e sono la finanza, con tutti i suoi nembi che d'improvviso si trasformano in uragani tempestosi.

Si scaricano a terra, naturalmente, ma voi la terra continuate a non vederla e non vi accorgete delle trasformazioni che su di essa e in essa hanno luogo. Meglio viaggiare a piedi per scoprire ciò che accade. Del resto è a terra che si costruiscono gli aerei e non in cielo. A questo penso via via che leggo libri e articoli scientifici sulla trasformazione in corso nell'industria mondiale. E dico l'industria e non l'impresa. Perché l'industria è la foresta che cresce tumultuosa con grandi e piccoli alberi, infiniti cespugli e giardinieri vecchi e giovani che la foresta curano e intercalano con giardini e orti. È un insieme di fattori sì tecnologici, sì naturali come le materie prime, ma è anche costituita dalle scuole dove si studiano le arti e le scienze che dovranno poi servire a coltivare e curare la foresta. L'industria è un'astrazione culturale piuttosto che un elemento materiale e concreto. Quest'ultimo è costituito dalle imprese, che sono gli alberi e i cespugli e gli orti e i giardini della foresta. Ebbene, negli ultimi vent'anni l'industria e le imprese insieme sono enormemente cambiate. In primo luogo i progressi scientifici sono diventati più rapidamente progressi tecnologici, i quali, una volta tradotti in progetti, sono stati più rapidamente trasformati in linee di rifornimento in guisa di grandi piattaforme distributrici di strumenti e macchine e software per la produzione di altre macchine e non solo di beni di consumo. Le imprese si sono trasformate in costellazioni interdipendenti connesse dalle ICT, in grado di aumentare a livelli inusitati la produzione per stabilimento, con una drastica riduzione tanto della manodopera quanto della dimensione delle singole stelle. Questo ha scatenato un trasferimento globale di tecnologie e conoscenze formali di straordinario vigore. Di qui l'avvantaggiarsi della Cina clonatrice dei modelli di fabbricazione integrata in cui la Germania eccelle. Anche molte foreste dei BRIC hanno fatto lo stesso. Le industrie automotrice e quella avionica, con quelle farmaceutica e biotecnologica, sono state alla testa di tale processo. Questi risultati fantastici sono avvenuti perché non è stato più necessario accentrare tutte le reti in singoli stabilimenti, sviluppando capacità di integrare tecnologie e conoscenze disperse in territori diversi in tutte le parti del mondo: catene di produzione a monte che consentono la produzione a valle di merci sempre più composite grazie ai rifornimenti che giungono da tutto il globo secondo scelte di eccellenza. La foresta è divenuta fittissima con prati e giardini grandissimi che sono i luoghi in cui si creano le idee e ci si prepara a diffonderle per tutti «li rami», ossia per tutte le imprese della foresta. La finanza ha sradicato milioni di alberi ma non ha potuto sradicare la nuova industria. Questo è stato il miracolo degli ultimi anni. La riproduzione allargata del capitalismo con merci per la produzione di merci è stata una colossale fortuna perché si sono aggiunte via via terre e foreste dove le piante hanno potuto crescere al riparo dagli uragani finanziari, curate con piccoli scrosci di pioggia (le banche locali e cooperative e soprattutto l'autofinanziamento d'impresa, che ha avuto un ruolo importantissimo a cui non si fa mai cenno). Alla base di tutto ciò vi è stato un grandissimo sviluppo delle conoscenze tecnologiche e scientifiche diffuse che si sono innervate sia nelle specializzazioni operaie sia nelle competenze degli imprenditori. Nella foresta tutto serve: la pozza d'acqua limpida come il grande albero, la piccola siepe e il ramo di glicine. Basta saper camminare e vedere e non sradicare. Ciò è avvenuto, nonostante gli uragani finanziari. Possiamo ben sperare. La società neoindustriale reagisce e continua a vivere.

9. Distretti «rossi» e distretti «bianchi»

Ma ritorniamo all'Italia. Nel decennio compreso tra i primi anni settanta e i primi anni ottanta le aree periferiche si sono trasformate in aree di una sorta di economia all'inizio intesa come periferica e poi sempre più come componente essenziale di una nuova ristrutturazione dell'industria nazionale aggregata attorno al fenomeno dell'economia di piccola impresa e basata sulle interdipendenze tra struttura economica, struttura sociale e subculture locali. Mercato del lavoro, decentramento produttivo e ristrutturazione industriale si sono sovrapposti e si sono fusi con la struttura della famiglia e gli aspetti territoriali del processo di riconversione e ristrutturazione dell'apparato produttivo.

Sono essenziali la correlazione tra urbanizzazione e industrializzazione diffuse, le particolari forme assunte dal processo di urbanizzazione nei sistemi territoriali a economia diffusa, la deconcentrazione delle attività terziarie e lo sviluppo dei servizi per la produzione nelle aree di piccola impresa. Tutto ciò ha reso decisivi i problemi connessi con l'impostazione di politiche regionali a sostegno dei processi innovativi della piccola impresa e quelli derivanti dalla revisione delle procedure e degli strumenti di pianificazione urbanistica dei centri minori.

Il modello dell'economia periferica, in tal modo, essendo ormai venute meno le condizioni originarie su cui erano basate le prime fasi del suo sviluppo, viene sollecitato dall'esterno a cambiamenti importanti, che nel loro insieme configurano un processo di modernizzazione della sua organizzazione interna.

D'altra parte questi stessi mutamenti ridefiniscono su nuove basi forme di sviluppo originali delle aree periferiche, diverse da quelle centrali, e situazioni specifiche delle città della piccola impresa non riconducibili a quelle delle grandi aree urbane. Il concetto di distretto industriale prevede che struttura produttiva e struttura sociale si compenetrino vicendevolmente.

In termini operativi questo principio di compenetrazione può essere interpretato attraverso la presenza in un sistema locale di una struttura produttiva che si riflette in quella sociale, e viceversa, ad esempio nel senso che a un'industria il cui tratto statistico più rilevante delle imprese che la costituiscono è la modesta dimensione corrisponde una società locale il cui tratto statistico più rilevante degli individui che la costituiscono è la presenza di piccoli imprenditori e lavoratori autonomi.

Una delle caratteristiche salienti delle piccole imprese italiane è il loro disporsi geograficamente secondo le grandi «storiche» aree delle culture politiche italiane: l'Emilia-Romagna «rossa» da un lato, il Veneto «bianco» dall'altro, con la Lombardia e le Marche a far da cerniera, dove, appunto, le culture politiche «rosse» e «bianche» spesso si sovrappongono e confluiscono a macchia di leopardo. A differenza di quanto succede per le Marche, dove le piccole imprese sono figlie storiche della mezzadria, in Emilia-Romagna sono figlie storiche degli operai licenziati dalle grandi imprese nelle ristrutturazioni degli anni sessanta, e in Veneto, invece, del ritorno degli emigrati dai paesi europei in cui s'erano diretti e del passato industriale veneto, molto più antico di quanto non si pensi e anch'esso soggetto al decentramento e all'espulsione degli operai qualificati. Ciò che accade in quelle che passeranno alla storia come le «regioni rosse» si può interpretare come una trasformazione nella continuità. In essa agisce una forza decisiva che è sempre stata presente, soprattutto nell'universo della subcultura «rossa», anziché in quella della subcultura «bianca». Sono, quelle «rosse», non a caso, terre che hanno visto fiorire, dal lavoro degli ex operai specializzati e degli ex mezzadri, una miriade di piccole e medie imprese. Senza dubbio decisiva è stata la politica degli enti locali, che in ogni modo hanno sorretto questo processo. Ma codeste iniziative sarebbero state ininfluenti se non avessero risposto all'azione di una possente forza antropologica di definizione dell'universo simbolico e della *praxis* degli attori sociali. Vale la pena affrontare il problema con una certa ampiezza. Può aiutarci a comprenderlo il riferimento al tema, su cui mi cimentai anni or sono, della creazione di quella impresa specialissima e distintiva (rispetto all'impresa capitalistica e a qualsivoglia impresa «pubblica») che è la cooperativa, tanto diffusa in queste aree. Mi riferisco al fatto che il concetto di trasferimento delle tensioni sociali dalla lotta rivendicativa all'impegno – sempre collettivo, si noti – della creazione di nuove unità economiche operanti sul mercato può ben essere utilizzato per comprendere quanto accadde sul fronte del passaggio da operaio o da contadino a imprenditore. In questo caso, infatti, agisce il «trasferimento non rivendicativo» dell'ansia del riscatto sociale e della ribellione alla sottomissione padronale verso la creazione di nuove imprese, ed è per ciò che questo processo è tipico della subcultura «rossa», ma caratterizza anche quella «bianca». Anziché al campo della lotta sindacale o cooperativo (che è imprenditorialità collettiva, dopo essere stata movimento sociale), i soggetti passano a quello realizzativo dell'impegno autonomo, soggettivo, attraverso la scelta imprenditoriale industriale capitalistica. Sono infatti la politica e la partecipazione politica a tradizione democristiana, socialista e comunista, e, in alcuni territori molto localizzati, repubblicana, a fornire quella risorsa morale, quando ci si pone sul terreno organizzativo e strumentale, che è essenziale per costruire l'impresa. Si giunge a tutto ciò, quindi, attraverso un percorso complesso, che si dipana a partire dall'orizzonte della realizzazione della persona che si crede non si possa più perseguire all'interno della logica del lavoro salariato. Il veicolo morale, l'energia trasformatrice che consente l'inveramento di questo progetto di persona e non il puro e semplice sottrarsi al mercato o il disporsi in forma interstiziale in esso realizzando una difesa dell'esistente in forma passiva, è la creazione di una nuova forza nel mercato operante: l'energia per far ciò viene dalle norme del riscatto sociale che sono state un tempo veicolate nel lavoro salariato come orizzonte dell'emancipazione personale, individuale.

Senza una cultura di tal fatta difficilmente quel complesso di energie imprenditoriali avrebbe potuto dispiegarsi. A esso sarebbe mancata la *virtus* indispensabile per concretarsi: il «genio» dell'organizzazione, che le classi subalterne nella stratificazione sociale possono attingere, in guisa di strumento per emanciparsi, soltanto dalla partecipazione politica (e quindi dalla «pratica sociale» della politica).

Il caso emiliano, quello veneto, quello marchigiano e quello lombardo sono esemplari a questo riguardo. Un grado di complessità organizzativa derivante dalla gestione integrata, non solo di flussi finanziari e dei reticoli delle relazioni umane, ma anche della tecnologia, è connaturata all'attività industriale, quale che siano le dimensioni di scala in cui essa si esercita. La padronanza di questa complessità organizzativa è il segreto della creazione delle piccole unità produttive. Tale capacità organizzativa fondata sulla persona è la più idonea per divenire imprenditori massimizzando i vantaggi della tradizione: la famiglia allargata, la reciprocità subculturale, la conservazione di etiche del lavoro modellate sulla valorizzazione della soggettività che con il suo magnificarsi (la realizzazione nei sistemi di *status* è ascesa sociale ed è convinzione di aver vinto una scommessa con il destino...) riproduce la centralità della persona e dell'organizzazione su di essa modellata sempre e continuamente, nel ciclo biologico della vita che si identifica con quello dell'impresa.

In ogni caso è interessante sottolineare che le future ricerche sulla realtà imprenditoriale nelle terre della subcultura «rossa» e di quella «bianca» saranno decisive teoricamente per verificare quanto di questa tradizione sia possibile riattualizzare per garantire la crescita e lo sviluppo. Perché questo credo sia il «miracolo» delle regioni «rosse» e «bianche»: aver favorito contestualmente il benessere e l'incivilimento[1].

Naturalmente la fine del ciclo innovativo della classe politica italiana, che viviamo in questi anni, può porre in pericolo la lunga e serena opera di rinnovamento della società che la piccola impresa, e l'impresa artigiana soprattutto, hanno saputo far crescere in più di un cinquantennio in Italia. Il venir meno delle spinte ideali, e quindi dell'innovazione politico-economica che ne deriva, può essere fatale per la continuità innovativa dell'omogeneità delle subculture politiche che hanno così potentemente influenzato le piccolissime e le piccole imprese.

Ma essenziale per esse, più che per le medie e le grandi, è la questione dell'associazionismo, che storicamente affonda le sue radici nelle subculture politiche italiane.

Ancora una volta la diretta testimonianza degli imprenditori diviene essenziale per bene intendere i processi di cui discorriamo.

I.9. C'è un po' di disillusione, un po' di stanchezza, io sono un po' visionario e mi illudevo che nel passare degli anni nascessero in qualche modo un po' più spontaneamente delle iniziative di aggregazione, voglio dire [...] quando uno è più giovane è un po' più chiuso, poi arrivano dei contatti che nascono e così pensavo fosse più un fatto di emulazione, invece poi a un certo punto è subentrata un po' di disillusione, di stanchezza, poi assommato a questo fatto c'è il fatto che allora a un certo punto ci si è buttati molto dentro nelle nostre attività, e quindi ci si è anche disabituati, cioè non c'è un'abitudine, a pensare insieme [...]. Io sono anche presidente dell'associazione X ed esercito anche questa attività un po' associativa e ogniqualvolta si tenta di fare qualcosa insieme, ognuno ha il suo problema, ognuno viene lì per tentare di risolvere poi un suo problema, allora fa parte non vorrei dire del DNA degli imprenditori che alla fine un po' sfiduciati dal fatto che non si riesce a fare si chiudono un po' in se stessi [...]. Io auspico che ci sia una rete di conoscenza, che si possano mettere insieme delle cose e da lì far nascere degli aspetti più progettuali.

I.10. Io credo che oltre a riflettere si debba anche fare qualcosa, mettiamoci in gioco noi con l'esempio, dimostriamo ai nostri ragazzi che con l'entusiasmo si può ancora fare qualcosa [...]. È importante dare ancora un po' di fiducia e di entusiasmo da cui ripartire [...]. Delle cose molto visibili, per la città, per i ragazzi, per dare loro entusiasmo, per far loro capire che con la buona volontà, con la fatica, con l'entusiasmo più che con qualsiasi altra cosa si può arrivare, io vorrei poter fare qualcosa.

I.11. Le piante crescono quando c'è un ambiente, c'è un humus, se ci manca questo di base non c'è possibilità... Sì, c'è qualcosa che resiste, perché è forte, è strong, resiste e va avanti, ma per creare veramente un'imprenditoria che comincia come ha fatto un secolo fa, non ci sono le condizioni, le condizioni le crea lo Stato, un territorio può fare qualcosa per i giovani, è giusto che lo faccia anche per mantenere viva almeno la speranza, lavoriamo, possono nascere delle idee straordinarie [...]. [In Italia] manca l'humus principale affinché si possa crescere forte: l'entusiasmo, bisogna che facciamo un'iniezione molto forte! [...].

È essenziale ricordare sempre, soprattutto nelle ore in cui si scrive questo piccolo libro, che l'esperienza storica dei distretti a prevalente subcultura politica cattolica falsifica tutte le affrettate letture weberiane dello sviluppo capitalistico per cui esso avrebbe trovato terreno fertile di crescita solo laddove il protestantesimo aveva trovato motivo di fervide conversioni. Lo spirito di comunità e di riflessione sulla persona sono state formidabili forze creatrici dell'impresa. E l'impresa di cui qui si parla è la quintessenza della glorificazione possibile della persona cristianamente e cattolicamente intesa. Non solo: il cattolicesimo ha elevato le sue cattedrali e ha visto sorgere a fianco di esse le creazioni imprenditoriali delle aggregazioni umane associate nel lavoro, tanto nelle imprese capitalistiche quanto in quelle cooperative, come l'esperienza non solo italiana, ma mondiale, dimostra.

In questo senso l'impresa piccolissima, piccola e media italiana sono formidabili esempi dell'originaria generativa natura tutta politica dell'associazionismo economico, costituendo un caso di interesse internazionale di eccellenza. Del resto il ruolo delle piccolissime e piccole imprese nella cattolica Lombardia, che abbiamo visto quanto sia pervasivo e decisivo nell'universo economico e sociale europeo e internazionale, è la migliore dimostrazione della mia tesi. La piccola impresa è quindi da considerare un tipico esempio di sviluppo endogeno, con una forte interazione tra sfera economica, sociale e politica, che ne fa una comunità, fondata su un sistema di valori quali l'etica del lavoro e l'appartenenza alla società locale.

nota

[1] G. Sapelli, *Percorsi imprenditoriali e pratiche sociali*, in G. Sapelli *et al.*, *Terra di imprese. Lo sviluppo industriale di Reggio Emilia dal dopoguerra a oggi*, Parma, Pratiche Editrice, 1995, pp. 5-36.

10. Imprenditorialità e demografia d'impresa: una speranza per i giovani

Si parla molto di disoccupazione giovanile. È giusto: non se ne discute mai abbastanza e si fa troppo poco per combatterla. Ma occorre altresì ricordare che la piccola impresa e soprattutto la micro impresa è un fenomeno che evidenzia la grande presenza dell'imprenditorialità giovanile in Italia.

Essa rappresenta uno dei pilastri peculiari del motore della crescita del nostro sistema economico, caratterizzato, come noto, da una diffusa propensione a «fare impresa». L'Italia, infatti, ha il primato europeo per numero di imprenditori e di lavoratori autonomi tra i 15 e i 39 anni. Nel terzo trimestre del 2011 l'Italia registra 1.872.500 imprenditori tra i 15 e i 40 anni, seguita dal Regno Unito che ne conta 1.303.700, dalla Polonia con 1.127.300 e dalla Germania che arriva a 1.055.900.

Questa leadership europea viene confermata, oltretutto, dal peso dell'imprenditoria e del lavoro autonomo sotto i 40 anni sul totale degli occupati della stessa classe di età, che in Italia è del 19,6%, quasi doppia rispetto al 10,3% della media europea. Nel nostro paese, quindi, un giovane occupato sotto i 40 anni su cinque appartiene alla categoria degli imprenditori e lavoratori autonomi. Nel dettaglio la propensione al fare impresa degli italiani è superiore al 10,2% della Spagna, al 9,8% del Regno Unito, al 7,3% della Francia e al 6,5% della Germania.

Ma analizzando la dinamica degli imprenditori e lavoratori autonomi sempre sotto i 40 anni si registra altresì la maggiore esposizione di questa componente del mercato del lavoro alle conseguenze della grande recessione: fra il terzo trimestre del 2007 e il terzo trimestre del 2011 per l'Italia si registra una diminuzione del 17,1%, pari a 387.400 unità in meno. Nel nostro paese la diminuzione è più accentuata rispetto al calo del 14,7% della media dell'Eurozona.

La crisi e la maggiore difficoltà dei giovani italiani a fare impresa hanno rallentato l'ingresso delle coorti più giovani – dotate di un più alto titolo di studio – mantenendo l'incremento della quota di imprenditori e lavoratori autonomi laureati inferiore alla media europea. Questo fenomeno si collega strettamente, altresì, al fenomeno inquietante che la scolarizzazione ha terminato di essere, in Italia più che altrove, uno strumento di mobilità sociale verso l'alto. Fenomeno, quello della mobilità in ascesa, che è stato tipico di tutti i processi di nascita delle micro e piccole imprese.

Per approfondire le turbolenze connesse con la dinamica imprenditoriale ho esaminato alcune caratteristiche demografiche delle imprese, con particolare attenzione a quelle artigiane. E questo spiega da un lato l'importanza delle «ondate giovanili» della demografia d'impresa, ma altresì gli alti tassi di mortalità.

Un primo fenomeno esaminato è quello delle cessazioni di impresa che avvengono nello stesso anno in cui l'impresa è nata. Nel triennio 2009-2011 si evidenzia una persistente crescita dell'incidenza delle imprese artigiane «neonate»: nel 2009 la quota di imprese nate e morte nello stesso anno è pari al 3,9% delle cessazioni totali, nel 2010 sale al 4,6% e nel 2011 arriva al 4,9%.

Estendendo l'analisi alle cessazioni di imprese nate da più di un anno – a quelle cessate nell'anno corrente ho aggiunto quelle cessate nell'anno precedente – si riscontra un incremento dell'incidenza delle cessate nate da meno di due anni sul totale delle cessazioni, che passa, tra il 2010 e il 2011, dal 14,7 al 15,9%. E la maggioranza di tali imprese sono imprese «giovanili», ossia fondate da giovani. Demografia d'impresa e demografia umana s'intrecciano strettamente.

Un'ulteriore chiave di lettura dell'influenza della crisi economica sulla demografia d'impresa è offerta dall'analisi della distribuzione delle cessazioni per vita media delle imprese – artigiane e non – nel settore manifatturiero.

In questo comparto si osserva, tra il 2010 e il 2011, una minore incidenza di cessazioni di imprese con uno o al massimo due anni di vita: rimane costante e pari al 2,6% del totale delle cessazioni, infatti, l'incidenza delle cessazioni non d'ufficio di imprese nate e morte nello stesso anno.

Per le imprese nate nel biennio considerato si registra una lieve diminuzione dell'incidenza sul totale delle cessazioni che, tra il 2010 e il 2011, passa dal 10,2 al 10%. Anche le cessazioni di imprese che hanno dai due ai dieci anni di vita vedono una diminuzione delle quote sul totale: dal 52,8% del 2010 si passa al 51,2% del 2011. Al contrario si osserva un aumento sensibile della quota di cessazioni di imprese manifatturiere con più di trent'anni di vita: l'incidenza sul totale sale dal 10,5% del 2010 al 12,4% del 2011.

Gli effetti della crisi economica sulla demografia d'impresa sono ancora più pronunciati in un comparto a maggiore intensità di capitale e più alta dimensione media come il manifatturiero. Qui la crescita dell'età media delle imprese cessate si traduce in una grave perdita del capitale di conoscenze, know-how e relazioni con il mercato per l'intero settore produttivo.

Altrettanto pericolosa è tale perdita nell'artigianato, perché in tal modo le conoscenze «tacite», ossia che si trasmettono oralmente e attraverso l'osservazione del lavoro, tipiche di questo settore, non possono essere passate alle nuove generazioni.

In ogni caso la nascita di micro imprese non si interrompe. Nel 2011 hanno affrontato il mercato 104.438 nuove imprese artigiane; quotidianamente 17.402 nuove imprese artigiane si sono iscritte alle Camere di commercio, contribuendo a incrementare la dotazione di creatività e ingegno del nostro paese.

Ma la dinamica dell'artigianato per macrosettori evidenzia, nel 2011, un tasso di sviluppo negativo pari a –0,4%. Particolarmente negativa è la situazione per i settori manifatturiero e delle costruzioni, che insieme rappresentano il 63,8% delle imprese artigiane registrate e che presentano tassi di sviluppo negativi rispettivamente pari a –0,9% e a –0,3%. Registriamo tassi negativi anche per i settori della riparazione e ristorazione (–1,1%) e dei servizi alle imprese (–0,7%), mentre cresce il settore dei servizi alle persone (+0,3%).

Uno sguardo alla dinamica dell'artigianato per macrosettori nel lungo periodo evidenzia che la grande recessione del 2008-2009 e la successiva debole ripresa hanno determinato un marcato processo di selezione delle imprese: nel triennio 2009-2011 le imprese artigiane evidenziano un tasso di sviluppo cumulato negativo pari a –1,8%. L'impatto della crisi sul settore manifatturiero si riverbera infatti anche sull'artigianato: il settore che nel triennio presenta la maggiore flessione è, appunto, quello manifatturiero, che presenta un tasso di sviluppo cumulato pari a –4,2%. Particolarmente negativi risultano anche i tassi di sviluppo per i macrosettori della riparazione e ristorazione (–3,7%) e dei servizi alle imprese (–2,3%). Il calo è più contenuto per le costruzioni (–0,9%), mentre i servizi alle persone sono l'unico settore a riscontrare, nel periodo esaminato, un tasso di crescita positivo (+1,7%).

11. Il costo e la produttività del lavoro nella piccola impresa

La variabile del costo del lavoro assume una rilevanza strategica per il mondo della piccola impresa. In termini di aggregato macroeconomico la contabilità nazionale definisce il costo del lavoro complessivo come reddito da lavoro dipendente ed è dato dalla somma delle retribuzioni lorde e degli oneri sociali. Nello specifico delle imprese il costo del lavoro è rappresentato dalla somma delle retribuzioni lorde, dai contributi sociali, dalle provvidenze al personale e dagli accantonamenti per trattamento di fine rapporto.

Secondo la rilevazione relativa all'Archivio statistico delle imprese il costo del lavoro delle 4.383.544 imprese italiane relativo agli 11.401.357 dipendenti ammonta a 376.463 milioni di euro, pari al 14,2% del fatturato e al 59,7% del valore aggiunto.

L'incidenza del costo del lavoro sale ai due terzi del valore aggiunto nel manifatturiero (65,9%) e nelle costruzioni (65,5%). Nei servizi la componente del costo del lavoro è più contenuta (55% del valore aggiunto) pur rimanendo, in valore assoluto, più elevata rispetto agli altri settori.

Nelle piccole imprese lavorano più dei due terzi (68,6%) degli occupati delle imprese e più della metà (53,6%) dei dipendenti. Anche per la piccola impresa, dove contribuiscono alla creazione di valore aggiunto anche 5.517.742 addetti indipendenti, tra imprenditori e lavoratori autonomi, il costo del lavoro permane una variabile a elevata rilevanza: nelle imprese con meno di 50 addetti il costo del lavoro ammonta a 173.232 milioni di euro ed è pari al 51,6% del valore aggiunto.

Tra il 2003 e il 2009 l'incidenza del costo del lavoro sul valore aggiunto creato dalle piccole imprese è salito di oltre dieci punti percentuali, passando dal 40,8 al 51,6%. Nello stesso arco di tempo l'incremento è stato inferiore per le imprese medio-grandi (+6,6%).

Il costo del lavoro diventa un fattore centrale nella competitività di un'economia e nel disegno dei processi di distribuzione del reddito e di accumulazione di ricchezza di una nazione. Il costo del lavoro diventa una sorta di *black box* del sistema paese dentro la quale si condensano e si misurano competitività, produzione di reddito, crescita e, inoltre, aspetti qualitativi e quantitativi delle politiche fiscali.

Innanzitutto la competitività. Uno degli indicatori chiave della competitività di un paese è dato dal costo del lavoro per unità di prodotto (CLUP), dato dal rapporto tra redditi unitari da lavoro dipendente e valore aggiunto unitario. Può essere misurato in relazione alle persone occupate, alle unità standard o alle ore lavorate. Più alto è il costo del lavoro contenuto in una unità di valore aggiunto minore sarà la competitività dell'impresa, del settore e dell'intera economia esaminata. Il CLUP basato sulla contabilità nazionale è pari al rapporto tra i redditi da lavoro dipendente per unità standard di lavoro dipendente e il valore aggiunto al costo dei fattori per unità standard di lavoro, ed è pari allo 0,867% per il totale del sistema economico, con valori maggiori per le costruzioni (1,171%) e i servizi (0,987%), mentre è più contenuto per le attività manifatturiere (0,922%).

Nel corso degli ultimi anni il CLUP è salito: tra il 2002 e il 2010 sale del 24,4%, con un picco del 51,9% per le costruzioni. L'incremento è del 28,4% nel manifatturiero e del 23,1% nei servizi.

La relazione tra costo del lavoro e produttività implicita nel CLUP evidenzia che un'economia può aumentare la propria competitività con soli incrementi della produttività (sale il valore aggiunto unitario per unità di lavoro) a parità di altri fattori, perfino con aumenti del costo del lavoro unitario inferiori agli incrementi di produttività.

In tale prospettiva va evidenziato come l'economia italiana soffra di un basso dinamismo della produttività del lavoro: tra il 1995 e il 2011 l'Italia, infatti, è l'economia avanzata che presenta il minor dinamismo della produttività: i dati dell'OCSE indicano che tra il 1995 e il 2011 la produttività del lavoro è cresciuta in Italia dello 0,1% all'anno, evidenziando una dinamica di gran lunga inferiore allo 0,9% della Francia, allo 0,8% della Germania e al robusto 1,4% del Regno Unito. La crescita media dell'Eurozona è dello 0,8%, quella dei paesi avanzati è dell'1,5%.

Il ritmo lento della ripresa dell'economia italiana è stato, in parte, condizionato dalla bassa dinamica della produttività nel periodo precedente alla crisi: nel decennio che va dal 1997 al 2007 la produttività del lavoro in Italia cresce solo dello 0,2% medio annuo, contro un 1% della media dell'Eurozona.

Qualità e costo del lavoro diventano fattori chiave per la competitività in un contesto caratterizzato da un'ampia e profonda globalizzazione dei mercati e una tendenza all'accentuazione della delocalizzazione produttiva. Se prendiamo a riferimento le sole aziende manifatturiere a controllo nazionale residenti all'estero, le imprese controllate sono oltre 21.263, operano in 165 paesi, occupano 1.509.231 addetti, con un fatturato di 377.783 miliardi di euro.

In particolare nel manifatturiero operano 6.565 imprese per 711.765 addetti, pari al 17,1% degli addetti del comparto in Italia. Le multinazionali estere a controllo italiano nella manifattura registrano pressoché la stessa occupazione delle imprese manifatturiere di Emilia-Romagna, Friuli-Venezia Giulia e Trentino-Alto Adige messe insieme (714.533 addetti, –0,4%) e del 7,5% superiore ai 661.924 addetti delle imprese manifatturiere del Mezzogiorno.

I principali paesi di localizzazione delle imprese (di cui l'84% manifatturiere) controllate italiane all'estero in termini di addetti sono la Romania con 1.476 imprese e 93.665 addetti, il Brasile con 307 imprese e 69.119 addetti, la Cina con 537 imprese e 68.988 addetti, la Francia con 601 imprese e 51.580 addetti, gli Stati Uniti con 515 imprese e 48.396 addetti, la Germania con 403 imprese e 46.479 addetti, la Polonia con 331 imprese e 43.824 addetti, la Spagna con 482 imprese e 35.303 addetti, il Regno Unito con 267 imprese e 25.954 addetti e la Federazione Russa con 127 imprese e 21.298 addetti.

I dati sul costo del lavoro delle multinazionali estere a controllo italiano evidenziano l'ampio spettro quantitativo su cui si misura la competitività del costo del lavoro. Si registra, infatti, un costo del lavoro pro capite di 53.301 euro in Francia, 50.327 negli Stati Uniti, 50.271 in Germania, 44.449 in Spagna, 43.119 nel Regno Unito. Nella fascia intermedia troviamo i 17.056 euro del Brasile, i 16.806 della Turchia, i 16.301 della Repubblica Ceca, i 13.631 dell'Argentina e i 11.883 della Polonia. Costi del lavoro al massimo ribasso di 6.571 in Messico; di 6.538 nella Federazione Russa; di 6.075 in Romania; di 4.901 in India; fino al minimo di 4.130 euro in Cina.

Il costo del lavoro di un'impresa manifatturiera in Italia è più che doppio rispetto a quello di una del Brasile e della Turchia, è il triplo di quello di un'impresa della Polonia, quasi sei volte quello di un'impresa della Romania e poco meno di nove volte quello di un'impresa della Cina.

La competizione sui mercati internazionali – nei mercati europei in regime di cambi fissi e nei mercati extraeuropei secondo un regime di cambio flessibile della valuta comune europea – impone alle imprese italiane una ferrea disciplina in termini di maggiore efficienza che, partendo da una relativa maggiore produttività necessaria per poter competere sui mercati internazionali, determina livelli più elevati del costo del lavoro e, conseguentemente, più elevate retribuzioni dei dipendenti. I processi di competizione internazionale determinano incrementi di efficienza diffusi sulle imprese manifatturiere esportatrici del made in Italy indipendentemente dalla classe dimensionale.

In generale un'impresa esportatrice ha una produttività, misurata dal valore aggiunto per addetto, doppia rispetto a un'impresa manifatturiera non esportatrice. L'incremento del costo del lavoro per le imprese esportatrici del made in Italy è meno della metà (+46,7%) e le retribuzioni quasi doppie (+43,8%) rispetto alle imprese che lavorano per il mercato interno.

Tale divario è significativamente elevato anche per le micro e piccole imprese: per un'impresa esportatrice con meno di 10 addetti la produttività sale del 51,1% rispetto a un'impresa manifatturiera non esportatrice, il costo del lavoro del 20,2% e le retribuzioni del 20,9%.

La retribuzione lorda di una piccola impresa (10-19 addetti) esportatrice è di 22.644 euro, pressoché in linea con quello di una media impresa non esportatrice (23.425 euro).

L'analisi delle entrate fiscali da contributi sociali conferma il quadro relativo all'elevata pressione fiscale sul lavoro. Nel 2010 le entrate delle amministrazioni pubbliche da contributi sociali effettivi del settore privato sono pari al 10,6% del PIL. A fronte di un'elevata e crescente pressione fiscale, l'Italia presenta una marcata dinamica della contribuzione sociale: tra il 2000 e il 2010 il prelievo nei settori privati per contributi sociali effettivi è salito del 48,2%, a fronte di una crescita degli occupati (misurata in unità di lavoro standard) del 3,7%; di conseguenza l'aumento della contribuzione per unità di lavoro standard è salita del 42,9%.

Nel decennio considerato l'incidenza dei contributi sociali effettivi del settore privato sul PIL è salita di 1,3 punti; la quota sulle entrate totali dei contributi sociali, pari al 22,7% nel 2010, è salita di 2,2 punti in un decennio. Il peso fiscale sulle imprese e in specie sulle piccolissime e piccole imprese italiane è sempre più alto ed è il principale ostacolo alla crescita. La piccola impresa sopporta un peso incredibilmente alto e sproporzionato rispetto ai grandi oligopoli e monopoli. Ricordiamolo.

12. E le banche? Il ruolo delle banche cooperative

Dinanzi a questa situazione è essenziale ripensare alle ragioni della crescita delle imprese in Italia. Un grande macroimpulso per la crescita italiana era ed è quello costituito dal complesso del capitalismo manchesteriano *export-lead* delle piccolissime, piccole e medie imprese che ha avuto un balzo in avanti a partire dagli anni settanta del Novecento per via della mobilitazione sociale che ne è alla base e dell'apertura crescente dei mercati mondiali che ne costituisce la condizione necessaria. Questo macroimpulso è stato investito nel ventennio recente da un'ondata di glorificazione. I distretti industriali, dopo meno di vent'anni, tuttavia, sono in una crisi che può essere assai pericolosa per la loro riproducibilità, per via delle stesse strategie sociali che sono alla base della loro nascita. Se le piccole imprese sono state, come sostengo, un precipuo fenomeno di mobilitazione dal basso verso l'alto delle classi subalterne che sono divenute in tal modo creatrici del proprio destino, ogni fenomeno di blocco dell'ascesa sociale ne mette in pericolo l'esistenza. Ed è ciò che da circa vent'anni sta accadendo in Italia. Oltre a ciò occorre considerare gli effetti profondi della crisi economica mondiale in corso. Le aggregazioni di piccole imprese, inoltre, sono in crisi non avendo prodotto, salvo che in rari casi, imprese leader e fenomeni di consolidamento in misura sufficiente per far fronte alle sfide prima richiamate.

Si badi bene: non parlo di consolidamento dimensionale, perché non esiste una dimensione ottima, ma di consolidamento rivolto all'aumento della produttività del lavoro e quindi alla creazione del valore e di *spillover* tecnologici virtuosi. Questo macroimpulso, esaurita la sua dimensione eminentemente manchesteriano-imprenditoriale delle origini, è stato, in tempi più recenti, il residuo più che la creazione di una mobilitazione sociale verso l'alto di classi basse e medie, di iniziative imprenditoriali rivolte alla crescita continua dell'impresa. E con bassi gradi di innovazione che non siano perfezionamento tecnico e incapacità di scalare i sentieri della tecnologia competitiva, così come dei mercati finanziari imperfetti, nonostante gli impulsi formidabili che son venuti dalla globalizzazione virtuosa delle economie e delle società in cui siamo immersi.

Conferma di ciò viene dagli indicatori dei rapporti tra banca e impresa, che non sono quindi riferiti solo a questo macroimpulso, ma che ne sono tuttavia larghissimamente influenzati: eccesso di indebitamento a breve con spiccata prevalenza bancaria se si confrontano i valori con quelli internazionali, elevatissima presenza di garanzie personali, patrimoniali, che entrano nel circuito della relazionalità fiduciaria banca-impresa, denotando scarsa differenziazione sociale tra patrimonio d'impresa e patrimonio familiare, con connotati di riattualizzazione di pratiche precapitalistiche che sono tipiche degli agglomerati economico-sociali di consanguinei.

Inoltre, il complesso bancario assai variegato di cui abbiamo potuto disporre nella crescita più che secolare ora va anch'esso profondamente ridefinendosi. Si partì dalle grandi banche miste che sono state il carburante della crescita sino al fatidico tempo della grande depressione del 1929, che indusse alla divisione tra credito ordinario e credito straordinario e distrusse il modello della banca universale portando all'affermazione del credito a lungo termine erogato dagli istituti specializzati nel finanziamento alle imprese dopo la seconda guerra mondiale. Qui si produsse, grazie all'intuito di banchieri di eccezione che erano altresì, e contestualmente al loro essere banchieri, grandi intellettuali, un fenomeno eccezionale e tipicamente italiano. Si tratta di Mediobanca, si tratta dell'architrave del compromesso economico e politico tra i primi due grandi macroimpulsi or ora ricordati, compromesso che funzionò sino ai tempi recenti. Quelli dell'avvento dei gruppi polifunzionali e dell'apertura del credito al mercato e alla competizione ancora, tuttavia, altamente amministrata, piuttosto che regolata. Ma quel compromesso funzionò, ricordiamolo, soffocando oligopolisticamente la crescita che avrebbe potuto essere assai più impetuosa senza l'incesto tra grandi famiglie e capitalismo monopolistico di Stato. E infine ricordo il ruolo, mai dismesso (ancor oggi per fortuna!) delle banche di credito ordinario e della seconda linea di liquidità, le banche locali: vera connessione virtuosa del capitalismo manchesteriano con i mercati locali e internazionali. Connessione fondata, tuttavia, lo ripeto, non sulla relazionalità transazionale tesa all'efficienza allocativa del credito e dei fattori dell'impresa che lo riceve, quanto, invece, sul multiaffidamento alle imprese con cui le banche detenevano e detengono un rapporto fiduciario relazionale. Qui si è stati dinanzi a inauditi sforzi e tentativi non riusciti di scalare le gerarchie dei mercati e delle sfere di potenza internazionale.

Ma in questi ultimi anni, con Unicredit che ha incorporato Capitalia e Intesa che ha incorporato Sanpaolo, si è chiusa una lunga fase di dialettica nel nostro sistema finanziario. Si è giunti a quella situazione sempre sognata dai cultori del primato della politica, e sempre temuta da chi preferirebbe una società civile aperta, rispettosa e rispettata. Quella situazione dove c'è un solo comando, universale e non contestabile – non contendibile – che ha il monopolio di ciò che conta: la selezione delle classi dirigenti per cooptazione, e che benevolmente lascia alla periferia (ma tutto è periferia) quel grado di dialettica e di conflitto ritenuto accettabile e fisiologico. È la *pax romana*.

Una condizione inedita nell'Italia post-bellica. Ma forse anche nell'Italia post-unitaria, se è vero che tra finanza e regime fascista non mancò una dialettica forte, vera, frutto di due diverse visioni del mondo e del paese.

Nell'Italia post-bellica i tre poli, della finanza laica, della finanza cattolica e della finanza locale, hanno convissuto con una divisione dei ruoli che alimentava conflitti, consentiva controlli reciproci, soluzioni di volta in volta diverse ai problemi della società economica in evoluzione. Poi, dopo le privatizzazioni degli anni novanta del Novecento, emerse la dialettica tra la finanza del valore per l'azionista e quella legata ai valori della stabilità degli assetti e alla difesa degli interessi, mentre la banca locale affermava la superiorità del proprio modello di crescita, sottraendo spazi di mercato all'una e all'altra.

In questi recentissimi anni finanza romana e milanese hanno celebrato le loro nozze, mentre le banche locali cercavano soluzioni di sapore via via più difensivo. La dialettica fra le due grandi banche italiane, Unicredit e Intesa Sanpaolo, non è stata solo dialettica di funzioni e di modelli, ma anche tra referenti politici, peraltro non così distanti gli uni dagli altri. È stata la vittoria della politica non virtuosa, ma viziosa. Giochi di specchi.

In questo quadro non rassicurante per le piccole imprese, che ruolo per le banche? Un ruolo c'è e ci sarà a patto di capire prima se la situazione attuale è o no il frutto dell'operare di vincoli finanziari allo sviluppo. Questa è la questione vera. Perché, delle due, l'una. Se lo stato attuale del sistema, e cioè la sua conclamata immobilità intersettoriale e dimensionale (e la sua recente immobilità territoriale) con le sue conseguenze oggi negative, è almeno in parte (piccola a piacere) il frutto di un modello di relazioni da correggere, ebbene correggiamolo, e avremo un ruolo storico ed economico (noi, e non altri). Il ruolo sarà quello di riavviare la crescita e l'accumulazione: lo stesso avuto dalle banche a capitale tedesco all'inizio del secolo scorso, dalle banche pubbliche dopo la crisi dei primi anni trenta, da Comit e Mediobanca nel dopoguerra. C'è sempre stata una banca – o più di una – nel ruolo di propulsore di sviluppo nelle fasi di transizione del paese. Se no, se non ci sono vincoli finanziari allo sviluppo da rimuovere, è un problema più generale, e più grave: occorrerà gestire con cura un declino che sarà comunque graduale, a macchie di leopardo.

In termini del tutto deduttivi, un sistema bloccato è un bell'oggetto di studio, alla ricerca di elementi di inefficienza del mercato finanziario. La finanza è infatti strumento principe di mobilità delle risorse. In un mercato efficiente i capitali si muovono a premiare le opportunità, e il sistema si muove con il mercato. Se il sistema non si muove, delle due l'una (ancora): o il mercato è inefficiente – non seleziona le opportunità, ne blocca il dispiegarsi – o le opportunità mancano. È quello che sta accadendo? Certo il mercato efficiente non è, e neppure è autoregolato, come la grande crisi in corso dimostra anche ai ciechi, ma non agli economisti neoclassici.

L'esperienza fatta nell'ultimo decennio, e in particolare durante la fase più acuta della crisi dice una cosa chiara: che in Italia manca – forse è sempre mancato – il capitale industriale, cioè quello che proviene dal mondo delle imprese e a esso è destinato. Tutta la storia della finanza dal dopoguerra – l'impresa pubblica, l'assistenza delle banche pubbliche alle imprese maggiori, la crisi degli anni settanta – è ricerca di surrogati alla carente accumulazione della grande impresa. Oggi di questo male soffre anche la piccola impresa, mentre la grande non ha più quei sostegni. L'impresa italiana risulta generalmente sottocapitalizzata. Visto che non lo è per scarsa redditività, lo è per altri motivi, e cioè per scarsa propensione del capitale ad affluire o ri-affluire a destinazioni produttive domestiche. Dove è il vincolo, posto che il risparmio in Italia c'è, eccome! (anche se bisogna ri-verificare lo spiazzamento del debito pubblico). E che in ogni caso il capitale potenziale può venire da tutto il mondo (e non viene).

La ricerca dei vincoli – rimossi i quali torna, in ipotesi, la flessibilità – non dà risultati immediati. Dieci anni fa si pensava che mancassero la borsa, la normativa, i fondi di *private equity*. Non è stato un vincolo, la borsa: la stasi del numero di società quotate non è associata a una carente offerta di capitali, né a inefficienza operativa (il volume di transazioni è molto alto).

È in questa luce che dobbiamo porre in evidenza che nel corso degli ultimi anni solo la cooperazione bancaria e le banche popolari hanno ancora una volta dimostrato la necessità e l'importanza della presenza e del ruolo delle banche del territorio per tutte quelle realtà economiche locali che concorrono a formare il tessuto produttivo, sia nel nostro sia negli altri paesi.

Proprio il rapido diffondersi di una delle peggiori crisi economiche e finanziarie dal 1929 ha reso evidenti a molti i limiti di un modello di banca prevalentemente transazionale e standardizzata, che, avendo come unico obiettivo la massimizzazione rapida dei profitti, negli anni passati era stata sempre più attratta dagli altissimi ricavi derivanti dall'intermediazione finanziaria, perdendo di vista quella che era la realtà produttiva dell'economia reale. Nel momento in cui questo sistema è entrato in crisi, tali banche non sono state in grado di offrire un sostegno valido alle imprese più piccole e alle famiglie, sia per le perdite che hanno dovuto registrare in bilancio, sia perché non più in sintonia con le istanze che provenivano dal territorio e che, se compiutamente comprese, avrebbero potuto permettere al sistema produttivo di affrontare più tranquillamente i tempi più difficili della fase recessiva.

Questo compito è stato assolto in pieno dalla cooperazione bancaria e dalle banche popolari che, nel corso degli anni, hanno continuato a essere un prezioso interlocutore di riferimento per tutte le comunità locali con le quali nel tempo hanno perseguito un comune sentiero di sviluppo.

Le banche popolari, infatti, restando fedeli al loro modello di business, fondato sul *relationship banking*, e alla loro *mission*, hanno continuato a svolgere la loro attività in stretto contatto con la società civile di cui le banche cooperative sono espressione. Questo ha permesso di consolidare quel legame con la clientela, improntato su un rapporto stabile e prolungato nel tempo e basato sulla reciproca fiducia.

Una distinzione, quella tra gli istituti della cooperazione bancaria legati al territorio e le altre istituzioni finanziarie, che sembra quanto mai necessaria alla luce delle profonde tensioni registrate nei mercati finanziari internazionali e che hanno reso sempre più precaria e problematica la crescita economica. Tensioni che risentono anche di un uso sempre più ampio dei derivati, in particolare quelli OTC (*over the counter*), ossia fuoriborsa, che negoziati al di fuori dei circuiti regolamentati sono privi di quotazioni ufficiali e di prezzi trasparenti.

Il profilarsi di una tale situazione rende ancora più evidente la necessità di preservare la biodiversità in ambito bancario e di sostenere le banche del territorio nella loro azione di supporto al tessuto produttivo e, in particolare, alle famiglie e alle piccolissime e piccole imprese che hanno risentito maggiormente della fase recessiva del ciclo economico.

Il supporto che la cooperazione bancaria ha fornito durante la crisi al sistema produttivo nei diversi paesi in cui è presente resta a mio avviso insostituibile, così come l'esigenza di sottolineare in modo sempre più netto le differenze esistenti tra le banche del territorio, quali sono le banche popolari e gli altri istituti cooperativi in Italia, nell'ambito operativo degli intermediari finanziari.

Differenze che la crisi ha reso ancora più evidenti e che hanno permesso agli istituti cooperativi di continuare a operare con una crescita annuale degli impieghi impressionante. La prospettiva di un ritorno a un modello più conservatore e tradizionale, che ponga il cliente e l'economia reale al centro delle sue attività, si spera che potrà ripristinare la fiducia nel sistema finanziario, contribuendo così alla stabilità finanziaria complessiva. In questo senso, le banche cooperative hanno un ruolo importante da svolgere. Esse, infatti, sono più motivate ad adempiere a questa responsabilità, come avvenuto nel corso della crisi che ha evidenziato l'adeguatezza e l'elevata compattezza del loro modello.

Le banche cooperative sono prevalentemente orientate, del resto, al mercato domestico e alla clientela *retail*, e conoscono meglio di altri i rischi connessi con questo tipo di attività più tradizionale. Ciò non significa che esse siano state immuni dalla crisi. Essendo parte del sistema economico-finanziario anche loro hanno risentito della depressione, poiché molti dei clienti degli istituti cooperativi sono stati pesantemente colpiti dalla recessione economica.

Ciò non deve sorprendere. Le banche cooperative, in quanto fortemente radicate e legate alle economie locali, possono proprio per questo motivo risentire delle difficoltà che colpiscono le famiglie e la piccola imprenditoria nel territorio di riferimento. Come è puntualmente avvenuto.

A causa del ruolo centrale dei soci nell'azione della banca e nella costruzione dei legami con la clientela nelle rispettive comunità locali (*relationship banking*), gli istituti della cooperazione bancaria hanno chiaramente risentito della minore capacità finanziaria di famiglie, professionisti e imprenditori che, in genere, sono parte integrante della compagine sociale della banca.

Ma il successo e la popolarità delle banche cooperative è aumentata negli ultimi anni in tutto il mondo, a partire dagli Stati Uniti, perché le banche cooperative hanno rafforzato la loro presenza a livello locale. Questo è uno sviluppo importante da sottolineare, nel contesto di un cambiamento del panorama bancario e dell'atteso ritorno a un modello di banca più stabile, fedele alla sua missione originaria di intermediazione bancaria.

13. La piccola impresa e lo Stato

Un tema che non si può eludere è quello dei rapporti tra le piccolissime e piccole imprese e lo Stato. Lasciamo da parte gli aspetti legislativi, importantissimi in sede civilistica, ma che non sono essenziali al fine del nostro discorso. Parlare dei rapporti tra la piccola impresa e lo Stato vuol dire parlare in primo luogo delle tasse, del prelievo fiscale.

Bastano pochi riferimenti. Li traggo da un'analisi impietosa perché scarna ed essenziale realizzata dalla CGIA di Mestre[1]. Tanto più importante perché compiuta prima dell'avvento del governo Monti, che, come è noto, ha vieppiù aumentato il carico fiscale sulle imprese.

Eccola, in guisa di esempi concreti di casi tipo di estrazione dell'imposta da parte dello Stato sul corpo vivo delle piccolissime e piccole imprese (tab. 5).

Cito testualmente da: «Tasse e imposte: tre esempi di piccole imprese».

Ogni commento è superfluo. Siamo dinanzi a un carico fiscale tra i più alti, se non il più alto al mondo, dinanzi al quale vi è sempre da chiedersi come facciano le piccole imprese a resistere e quanto astratte e spesso ipocrite siano le geremiadi sull'evasione fiscale.

L'elevata tassazione in un'economia con le caratteristiche peculiari dell'Italia presenta alcune controindicazioni, quali: un disincentivo all'offerta di lavoro che determina una bassa attività sul mercato del lavoro; un'accentuazione della concorrenza sleale dell'area del sommerso (si alza il divario di costo tra il lavoro delle imprese regolari e il segmento del lavoro irregolare); l'accentuazione degli squilibri territoriali dato che i fenomeni sovraesposti – basso tasso di attività e lavoro irregolare – si concentrano nel

TAB. 5. REDDITO ANNUO E ONERI FISCALI PER TRE PICCOLE IMPRESE

	Settore		
	Installazione impianti	Confezione e accessori per abbigliamento	Fabbricazione di motori e apparecchi elettrici
	Impresa 1	Impresa 2	Impresa 3
Dotazioni strutturali	Laboratorio, furgone portata inferiore a 35 q	Laboratorio di 413 mq e magazzino di 102 mq	Capannone di 1.240 mq
Soci	1	2	15
Dipendenti	1	15	19
Reddito annuo	29.321	45.000	76.600
Contributi previdenziali	5.845	8.830	15.082
IRPEF	5.135	8.316	15.537
Addizionali IRPEF	364	550	941
IRAP	1.334	9.251	12.634
ICI	378	1.204	2.236
INAIL	482	314	1.737
CCIAA	88	250	289
Bollo furgone	146	146	146
Imposta/tariffa sulla pubblicità	81	81	81
Tassa/tariffa rifiuti	997	2.633	5.985
Totale versato	14.849	31.575	54.667
Totale a carico	13.921	29.315	49.107
Pressione fiscale (%)	47,5	65,1	64,1
Pressione tributaria (%)	27,5	45,5	44,4

fonte: CGIA Mestre.

Mezzogiorno, area con un più basso livello di reddito pro capite e un'endemica bassa crescita.

Nel decennio 2000-2010 l'incidenza dei contributi sociali effettivi del settore privato sul PIL è salita di 1,3 punti; la quota sulle entrate totali dei contributi sociali, pari al 22,7% nel 2010, è salita di 2,2 punti in un decennio.

Va, infine, ricordato che a fronte di un'alta tassazione del lavoro la quota di PIL destinata alla protezione dei lavoratori dalla disoccupazione è la più bassa d'Europa. Si osserva che la spesa pubblica in Italia per contrastare il fenomeno della disoccupazione è solo lo 0,8% del PIL, meno della metà dell'1,8% del PIL destinato, in media, dai paesi dell'Unione Europea; in particolare si osserva lo sbilanciamento del welfare in Italia, per cui «oltre la metà della spesa, la più alta quota fra i paesi UE, è assorbita dalla funzione vecchiaia, mediante il pagamento di pensioni, rendite e liquidazioni per fine rapporto di lavoro; di contro, gli interventi risultano marginali, i più bassi in Europa, per le funzioni dedicate al sostegno delle famiglie, alla disoccupazione e al contrasto delle condizioni di povertà ed esclusione sociale»[2].

La crisi del 2008-2009 e la successiva fase di recessione hanno rimesso in evidenza la necessità di rivedere in modo profondo le politiche fiscali, anche alla luce di una crisi fiscale degli Stati, in particolare di quelli ad alto debito pubblico, e in considerazione degli effetti sistemici della marcata convergenza delle politiche fiscali in paesi con una valuta comune. In Italia la riforma fiscale è resa necessaria dall'obiettivo di attenuare il peso del prelievo tributario sulle componenti maggiormente dinamiche per la creazione di ricchezza, in particolar modo il lavoro e l'impresa. La pressione fiscale, lo ricordiamo, è calcolata come rapporto tra la somma di imposte dirette, imposte indirette, contributi sociali e imposte in conto capitale e il prodotto interno lordo; le imposte in conto capitale includono il gettito di condoni e sanatorie.

La criticità dell'alta pressione fiscale è ben rappresentata dal confronto con l'Europa.

Nel 2010 la pressione fiscale in Italia raggiunge il 42,6% del PIL, con un ampio divario rispetto alla media dell'Eurozona pari al 40,2%. Sulla base dei dati della comparazione internazionale della Banca d'Italia, cinque anni prima la pressione fiscale italiana era del 40,4%, in linea con la media dell'Eurozona (40,6%); nel quinquennio la pressione fiscale in Italia è salita di 2,2 punti di PIL mentre nell'Eurozona è scesa di quasi mezzo punto (0,4) di PIL.

La tassazione è, con il costo del lavoro e soprattutto la difficoltà di trovare manodopera qualificata, il fattore più pervasivamente negativo per la vita delle piccolissime e piccole imprese. Sentiamo dalla viva voce degli imprenditori.

I.12. Io ho fondato l'azienda qui, è difficile spostarsi perché ho un legame affettivo, maestranze comunque di valore, il valore aggiunto è rimasto qua e cerco di ampliarlo nonostante le difficoltà di ricerca

di personale qualificato: per trovare un ingegnere o un chimico o un ricercatore a volte si fa una fatica enorme e non sto parlando di trovare un operaio, che sicuramente si farebbe fatica a trovarne uno specializzato. In un contesto come quello ... diversamente avrei trovato persone che lavorano su 3 turni 24 ore al giorno, quindi sono andato in Turchia – io non vendo la mia arte – perché nel mio settore ci sono organizzazioni complesse e in effetti stiamo pensando di spostare altrove alcune parti di ricerca perché troveremo degli ingegneri e delle maestranze che ci permettono di continuare lo sviluppo [...]. Esporto l'85% del mio prodotto in Germania, ma se andiamo a vedere il loro modello scolastico, c'è un accordo tra le scuole: è obbligatorio passare un periodo in azienda, e dico: perché non lo adottiamo anche noi un sistema così?
In questo momento nell'internazionalizzare dobbiamo considerare il costo delle materie prime, che sono la nuova frontiera della speculazione, e i costi connessi. Dunque internazionalizzare sì, però attenzione ai costi [...] noi abbiamo un incremento in Cina per unità di prodotto del 20%, nessuno lo sa perché il governo è molto attento, ma noi abbiamo avuto degli scioperi non quelli della FIOM o dei metalmeccanici, ma scioperi in cui la gente si ferma e non va più avanti.

I.13. L'internazionalizzazione è secondo me da considerarsi un mezzo e non un fine [...]. Non è perché sono piccolo e devo rimanere qui e conoscere solo questo o perché sono grande devo avere per forza qualcosa di più [...].

L'elevata pressione fiscale diviene anche un fattore psicologicamente determinante per l'attività delle micro e piccole imprese. Mi riferisco al fenomeno dell'«illusione fiscale» determinato dall'effettivo pagamento delle imposte. Una prima tipologia di «illusione fiscale» è connessa alla presenza di un carico fiscale che in parte è pagato esplicitamente e in parte è confuso con il prezzo finale di un bene o un servizio; gli esempi classici sono quelli dell'IVA sui consumi e delle accise sui carburanti e sull'energia elettrica. Una seconda tipologia di «illusione» si rileva quando l'imposta viene pagata da un terzo «sostituto di imposta», come nel caso dell'IRPEF del dipendente pagata dal datore di lavoro.

Un caso concreto consente di esplicitare come per la figura dell'imprenditore abbia un aspetto predominante la percezione della perdita subita dal trasferimento attuato dall'imposizione fiscale, e come, di conseguenza, per tale figura si accentui la percezione dell'elevata pressione fiscale nel nostro paese.

Per valutare l'influenza di questa «illusione fiscale» la Confartigianato ha preso in considerazione un'impresa tipo del settore metalmeccanico, con 2 indipendenti (soci) e 7 dipendenti, un consumo di energia elettrica di 66.000 kWh/anno, oneri finanziari per 19.000 euro/anno, spostamenti per dipendente/giorno di 25 km e di 125 km per azienda/giorno. Il reddito lordo del lavoro indipendente è di 43.307 euro e il reddito lordo dei dipendenti di 25.398 euro.

I prelievi fiscali presi in considerazione sono relativi ai seguenti ambiti:

– *produzione*: accise su carburanti ed energia e IMU (ex ICI);

– *lavoro dell'impresa*: IRPEF e contributi sociali dipendenti;

– *utile e valore aggiunto*: IRPEF e contributi sociali indipendenti, IRAP;

– *consumi delle famiglie*: IVA su consumi generati dai redditi netti e accise sui carburanti.

L'imprenditore ha uscite di cassa per pagare direttamente IRPEF e addizionali dipendenti e indipendenti, contributi sociali dipendenti e indipendenti, IRAP, IMU, con decisione su uscite di cassa per 185.799 euro/anno.

Gli imprenditori, nell'ambito dei consumi delle loro famiglie, pagano con i loro redditi IVA e accise sui consumi per 9.181 euro/anno. Il 95,3% delle somme pagate dagli imprenditori sono visibili.

I dipendenti non registrano alcuna uscita di cassa per imposte sui redditi mentre sborsano «imposte invisibili», quali IVA e accise sui consumi, per 19.993 euro/anno; come è noto l'IRPEF dei dipendenti è trattenuta dal sostituto di imposta. Complessivamente le 7 persone dell'azienda pagano 214.973 euro/anno di imposte e tasse, ma il 90,7% delle imposte a carico delle 7 persone dell'azienda è pagato dagli imprenditori. Le imposte visibili pagate dagli imprenditori ammontano all'86,4% del prelievo totale; sulla posizione dell'imprenditore grava in modo pressoché totale la percezione della perdita conseguente all'alta pressione fiscale italiana.

Se, infine, consideriamo che la competitività dell'impresa è condizionata – come nel caso italiano – dal basso livello dei servizi pubblici, risulta evidente come l'effetto perdita sia ulteriormente amplificato.

Oltre che di un eccessivo livello della pressione fiscale, il nostro paese soffre di una «bassa qualità» della pressione fiscale, troppo sbilanciata sul lavoro e l'impresa. Tra il 1990 e il 2010 il peso della tassazione su lavoro e reddito d'impresa (somma dei gettiti di IRPEF, IRES, IRAP e contributi sociali sul totale delle entrate) è passato dal 55,2 al 62,9%. Era sceso durante gli anni ottanta.

Tra il 1990 e il 2010 diminuisce di un punto la tassazione sulle cose (IVA e accise) e si riduce di 6,6 punti la tassazione sul capitale, le rendite e altro (compresa l'ICI). Nell'ultimo ventennio il peso complessivo della «tassazione sulle cose» è sceso di 1,1 punti.

A fronte di un'alta pressione fiscale il nostro paese soffre di un'elevata evasione, che rappresenta un pesante fardello per le imprese che applicano regolarmente le norme fiscali, le quali vedono compromesse le condizioni di concorrenza sul mercato. Infatti, oltre a determinare effetti dannosi sul bilancio dello Stato, sulle politiche di spesa e su adeguati livelli di welfare, il fenomeno dell'evasione fiscale falsa la concorrenza tra imprese con alcune specifiche influenze sulle dinamiche di mercato: le imprese che evadono possono mantenere prezzi più bassi e mettono fuori mercato le imprese regolari con analoghe funzioni di produzione; la minore competitività delle imprese regolari può rendere «più conveniente» attivare azioni di evasione fiscale: nel lungo termine tendono a sopravvivere imprese marginali in normali condizioni di imposizione fiscale mentre, a loro volta, imprese solide diventano progressivamente marginali; le imprese che generano evasione con i fondi extracontabili realizzati con i ricavi «in nero» effettuano acquisti non documentati, determinando una spirale del fenomeno; l'evasione fiscale tende a mantenere – se non addirittura ad allargare – il gap tra le aliquote fiscali pagate dalle imprese in regola e quelle delle imprese che evadono (inferiore fino ad azzerarsi), dato che il mancato gettito rende difficili politiche fiscali espansive tramite la riduzione delle aliquote fiscali; non si amplia la dimensione delle aziende: le imprese che evadono hanno una minore propensione all'investimento e all'ampliamento del volume d'affari e nel contempo spiazzano gli investimenti delle imprese che non evadono e che non trovano redditività adeguata per l'ampliamento delle dimensioni aziendali.

Va sottolineato che le maggiori entrate da lotta all'evasione aumentano la pressione fiscale. Una riduzione delle imposte equivalente determinerebbe un'invarianza della pressione fiscale iniziale, raggiungendo però obiettivi di maggiore equità distributiva tramite l'alleggerimento del carico fiscale dei contribuenti onesti che andrebbe spostato sui contribuenti disonesti.

Ma se si vuol continuare a parlare del rapporto con lo Stato, significa naturalmente anche affrontare il problema delle politiche di sostegno finanziario e commerciale statali alle piccole e medie imprese, politiche che da un ventennio e più son divenute politiche europee e regionali di sostegno. Del resto il perdurare di politiche basate sull'incentivo a pioggia e sulla perdurante incapacità di dar vita a meccanismi di selezione virtuosa hanno avuto effetti distorsivi e hanno anch'essi impedito la crescita endogena.

E qui il discorso è solo tecnico-analitico: un elenco di provvedimenti e di erogazioni creditizie e di sostegni indiretti, formativi, di marketing, ecc. Essenziali, non vi è dubbio, su cui non si difetta di documentazione di ogni genere, ma altresì di difficoltà burocratiche incredibili.

Ma il vero punto di discussione dei rapporti tra piccole imprese e Stato è la loro rappresentanza nei confronti dello Stato medesimo e quindi del ruolo delle loro associazioni. Non a caso, seguendo il filo logico di quanto ho detto in merito ai distretti industriali in Italia, le associazioni hanno un'origine tutta politica, tanto nelle piccole imprese come in quelle artigiane, tanto nella manifattura quanto nei servizi. Recentemente si è inverata la volontà di dare una rappresentanza unitaria al mondo delle piccolissime e piccole imprese commerciali e artigiane. Essa da tempo serpeggiava tra gli imprenditori e i dirigenti associativi più consapevoli. In effetti si tratta di un mondo ancora diviso secondo le contrapposizioni della guerra fredda. Esse sono il riflesso, da un lato, del capolavoro politico democristiano di costruire un partito di centro con forti radici nelle classi medie dando così una rappresentanza istituzionale a ceti che già Luigi Sturzo aveva indicato come essenziali per un partito moderato ma modernizzatore e riformista. E, dall'altro, sono il frutto di quella strategia politica togliattiana diretta a non isolare le sinistre rappresentando solo i lavoratori dipendenti, ma anche le classi medie, a partire dall'esperienza emiliana e toscana. Oggi la classe politica è mutata, il muro di Berlino è caduto, ma le associazioni fondate a quel tempo in base alle culture politiche rimangono. Tuttavia meglio potrebbero svolgere il loro compito unificandosi. Tanto più oggi, quando la piccola e la piccolissima impresa continuano a resistere alla crisi con le unghie e con i denti e quando, in ogni caso, si dimostrano in grado di rivelarci un nuovo volto della globalizzazione: quello della non omologazione. Si può vivere nella globalizzazione anche se non si è grande impresa capitalistica. La piccola e piccolissima impresa si rivela ora per quello che è: una specifica e particolarissima forma della vita economica associata, sia nel commercio sia nell'artigianato. Occorre comprendere che se l'unificazione tra artigiani e commercianti avverrà, un nuovo protagonista politico, economico e culturale con più forza emergerà dalla trasformazione dolorosa dell'Italia del nuovo secolo. Si tratterà di un processo di modernizzazione importante. Le famiglie sono il tessuto costitutivo delle piccole e piccolissime imprese artigiane e di commercianti, quale che sia il loro statuto politico di riferimento rispetto alla loro genesi associativa. Si tratta finalmente di comprendere che si tratta di imprese che, perseguendo il profitto, hanno, però, una connotazione sociale spiccata e una modalità di funzionamento tutta specifica, ancora in parte misconosciuta, ma che l'unificazione potrà far emergere in piena luce per il peso che esse potranno finalmente in tal modo esercitare nella costituzione materiale del nostro paese.

L'equilibrio tra conservazione e ampliamento della famiglia e del rapporto istituito nel tempo con la comunità, nell'attenzione che si presta a esso per non sconvolgere il tessuto sociale, ma invece per garantirne la coesione, è un elemento distintivo di questa forma economica. Se ne potrà sentire l'eco nell'agone della rappresentanza imprenditoriale. È per questo motivo che tale unificazione, pur essendo operazione delicata e difficile, potrebbe produrre un cambiamento epocale nei rapporti tra economia e politica e tra economia e società in un paese come il nostro, che è il fulcro delle moderne economie di specializzazione familiare nel lavoro.

note

[1] www.cgia.mestre.com/2011/07/tasse-e-imposte.3-esempi-di-piccole-imprese.

[2] Ministero del Lavoro e Politiche sociali-ISTAT-INPS, 2012, p. 40.

Conclusioni

Termino di scrivere questo libro nel pieno di una crisi economica mondiale che in Italia e in Europa è acuita dalla risposta data alla stessa crisi dal blocco di potere oligopolistico europeo dominante e dalla risultanza italica della subalternità che ne deriva per le nazioni sud-europee, rifiutando l'inveramento di ogni politica keynesiana e sprofondando quindi il vecchio continente a egemonia teutonica nella spirale deflattiva e depressiva con immense sofferenze sociali. Il futuro sarà terribile. La crisi dell'industria sud-europea è appena iniziata unitamente alla sua trasformazione, che ho cercato di descrivere in questo libro, dove argomento come sia sostanzialmente superata l'esperienza pratica e la riflessione teorica sui cosiddetti distretti industriali. La piccolissima impresa, tuttavia, resiste: ad alte mortalità corrispondono alte natalità. Tutte le analisi demografiche d'impresa lo confermano. E non solo in Italia. Sono gli immigrati, le donne, ossia le classi e i ceti meno privilegiati nella mobilità sociale a ricorrere a questa costruzione associativa umana anche per reagire alla crisi. Tuttavia la fuoriuscita dalla crisi economica sarà dolorosissima proprio per la piccola e piccolissima impresa. La ragione? È descritta in questo libro: la ragione sta nell'essere fondata, questa impresa, sulla famiglia e sulla persona. Vive, soffre, muore, rinasce come persona-famiglia-impresa.

Nella tragedia in corso la tesi sostenuta in queste pagine è drammaticamente confermata. Volevamo avere una prova che la fuoriuscita dalla crisi economica sarà, come sempre è accaduto nella storia, anche un problema di ordine morale? Così come un problema di ordine morale, ossia antropologico, è il problema della piccolissima e piccola impresa? Ecco dinanzi a noi le tragedie che si susseguono nei gorghi della crisi. E questo perché anche l'economia ha un'origine morale. Lo scopriamo nelle tragedie e non ce lo insegna purtroppo più nessuno, se non l'esperienza di chi l'economia non la domina, ma invece la fa, la crea con il suo lavoro faticoso e oscuro. Ma costoro sono ignorati e negletti da coloro che sono, per dirla con il mai dimenticato Ernesto Rossi, «i padroni del vapore». C'è voluta l'osservazione intelligente e il cuore grande di Dario Di Vico sulle pagine del «Corriere della Sera» per attirare l'attenzione dei moralmente distratti primi attori dell'economia italiana, su un importante tema come questo[1]. Eppure, ... eppure da ogni dove si magnifica la piccola e piccolissima impresa artigiana e da ogni dove si individua in essa l'asse portante del ripetersi, seppure in misura sempre meno eclatante, del miracolo italiano. Eppure dinanzi alla tragedia di un imprenditore di seconda e di terza generazione che si toglie la vita rimaniamo attoniti e non riusciamo a comprendere con lucidità necessaria la sostanza di ciò che sta accadendo. Ossia che la crisi disvela che cosa sono, in sostanza e veramente, le piccole imprese, cioè le imprese in cui il padrone, o l'imprenditore che dir si voglia, lavora con gli operai, con i tecnici, con i quadri, con i pochi dirigenti, che spesso non esistono neppure. Insomma, possiamo parlare di piccola impresa sino a quando essa non perde il suo costrutto di comunità organica dove si pensa e si fatica e si soffre e si gioisce e si vive nel lavoro gomito a gomito, faccia a faccia, famiglia a famiglia, strada per strada del paesino e della cittadina. Non ci sono formule matematiche per definire e per capire queste imprese: ci sono le regole della vita in comunità, della cultura del lavoro e della fedeltà al patto che s'instaura tra l'imprenditore e coloro che con lui lavorano. E che sono pronti a seguire non tanto lui, ma soprattutto l'impresa con lui, l'impresa che dopo anni di lavoro diventa una proprietà condivisa moralmente prima che giuridicamente. Ecco il segreto dell'economia morale: la sanzione oppure l'aiuto solidale che scatta a fasi alterne e che convive tanto sul territorio e nella vita delle famiglie del popolo che lavora, quanto tra le mura della fabbrica, dell'officina, della «boita», come dicevano gli operai piemontesi della mia infanzia. Il Nord-Est, per esempio, declina l'economia morale in una forma particolarissima e speciale, perché il suo passato contadino non è ancora... passato: è ancora lì dietro l'angolo e tutti i valori della civiltà contadina informano ancora vita e pensiero di milioni di persone, soprattutto di quelle che rinnovano nel lavoro industriale la fedeltà al principio dell'onestà e dell'autorità legittimata dal sacrificio che dalle campagne si è trasferita, grazie alla spiritualità delle persone, nelle industrie. È stato un lievito che ha agito di nascosto, sommerso dal consumismo, ma che non ha mai cessato di agire e che inaspettatamente risorge e rinasce nel riconoscimento interpersonale quando la crescita economica s'interrompe e ci si deve fermare per forza. Allora ci si guarda dietro e si scopre che è la persona il fondamento di tutto: anche dell'economia. E se è così, tutto ciò lo è anche per le persone che con me, imprenditore, lavorano.

Il detto di John Donne che nessuno è un'isola ci risuona allora nella mente e nel cuore e scopriamo che l'isola, purtroppo, si sta formando attorno a noi. Ciò accade quando, per le scelte economiche che mi attanagliano, io imprenditore non riesco più a essere fedele ai patti morali stretti con le «mie» persone, ossia con coloro che lavorano con me e che ogni giorno incontro e guardo negli occhi. Ebbene, il patto morale sottoscritto con quelle persone devo lacerarlo contro la mia volontà nonostante i valori che le generazioni che mi hanno preceduto mi hanno trasmesso. Solitudine. Angoscia. Disperazione. Ecco l'atto estremo, il suicidio.

Eppure ogni giorno mille e mille piccoli imprenditori, una miriade di artigiani, ogni giorno continuano a lavorare e far lavorare. Perché? Che cosa li spinge a non arrendersi? La risposta non è nell'economia: è ancora una volta nella morale, nella persona.

Charles Péguy con il suo mistico canto che scaturiva dall'esperienza tormentata raccontava che ciò che lo stupiva era la speranza:

> Mais l'espérance, dit Dieu, voilà ce qui m'étonne.
> Moi-même.
> Ça c'est étonnant.
> Que ces pauvres enfants voient comme tout ça se
> passe et qu'ils croient que demain ça ira mieux.
> Qu'ils voient comme ça se passe aujourd'hui et qu'ils
> croient que ça ira mieux demain matin.

Ça c'est étonnant et c'est bien la plus grande merveille de notre grâce.
Et j'en suis étonné moi-même.
Et il faut que ma grâce soit en effet d'une force incroyable.
Et qu'elle coule d'une source et comme un fleuve inépuisable.
[...]
Ce qui m'étonne, dit Dieu, c'est l'espérance.
Et je n'en reviens pas.
Cette petite espérance qui n'a l'air de rien du tout.
Cette petite fille espérance.
Immortelle[2].

La speranza, infatti, è una virtù bambina. Lo è perché possiamo prenderla per mano e camminare con essa. Per qualcosa e per tutti, mai contro tutto e tutti... È ciò che fa la maggioranza degli artigiani e dei piccoli imprenditori italiani, dei quali, in definitiva, si è parlato in questo libro.

Ne sono consapevoli? Io credo di sì. Ma debbono esserlo di più.

> Mancano le condizioni per investire in Italia, un'impresa dovrebbe venire in Italia per che cosa? Problemi, problemi, trova solo problemi [...]. Mancano le condizioni di fondo, sociali per investire nel nostro paese, noi secondo me siamo degli eroi ancora qui a lavorare, a credere.

note

[1] D. Di Vico, *Piccoli. La pancia del paese*, Venezia, Marsilio, 2010.

[2] «Ma la speranza, dice Dio, ecco quello che mi stupisce./Stupisce me stesso/ È stupefacente./Questi poveri piccoli vedono come tutto passi/e credono che tutto, domani, andrà meglio./Vedono come oggi tutto passa e credono che domani tutto migliorerà./Occorre che la mia grazia sia d'una forza incredibile per far ciò./E che sgorghi da una fonte come un fiume inesauribile./Ciò che mi sorprende, dice Dio, è questa speranza./E non smetto di meravigliarmi./ Questa piccola speranza che sembra così minuscola./Questa piccola figlia dell'immortale speranza». C. Péguy, *La porche du mystère de la deuxième vertu* (1912), Paris, Gallimard, 1937, pp. 121-122 [traduzione mia].

Finito di stampare nel febbraio 2013
dalla litosei, via rossini 10, rastignano, bologna
www.litosei.com

Stampato su carta Arcoprint Milk di Fedrigoni S.p.A.
prodotta nel pieno rispetto del patrimonio boschivo

contemporanea

ultimi volumi pubblicati:

183. Alberto Clô, *Il rebus energetico. Tra politica, economia e ambiente*
184. Massimo Livi Bacci, *Avanti giovani, alla riscossa*
185. Marzio Barbagli, *Immigrazione e reati in Italia*
186. Francesco Strazzari, *Notte balcanica. Guerre, crimine, stati falliti alle soglie d'Europa*
187. ITANES, *Il ritorno di Berlusconi. Vincitori e vinti nelle elezioni del 2008*
188. Tommaso Padoa Schioppa, *La veduta corta. Conversazione con Beda Romano sul Grande Crollo della finanza*
189. Gianpiero Dalla Zuanna, Patrizia Farina e Salvatore Strozza, *Nuovi italiani. I giovani immigrati cambieranno il nostro paese?*
190. Ignazio Visco, *Investire in conoscenza. Per la crescita economica*
191. Ilvo Diamanti, *Mappe dell'Italia politica. Bianco, rosso, verde, azzurro... e tricolore*
192. Daniela Del Boca e Alessandro Rosina, *Famiglie sole. Sopravvivere con un welfare inefficiente*
193. Gianpietro Mazzoleni e Anna Sfardini, *Politica pop. Da «Porta a Porta» a «L'isola dei famosi»*
194. Giorgio Cosmacini, *Testamento biologico. Idee ed esperienze per una morte giusta*
195. Marzio Barbagli, Gianpiero Dalla Zuanna e Franco Garelli, *La sessualità degli italiani*
196. Gianfranco Pasquino, *Le parole della politica*
197. Andrea Graziosi, *L'università per tutti. Riforme e crisi del sistema universitario italiano*
198. Luca Verzichelli, *Vivere di politica. Come (non) cambiano le carriere politiche in Italia*
199. Franco Cazzola, *Qualcosa di sinistra. Miti e realtà delle sinistre al governo*
200. Carlo A. Marletti, *La Repubblica dei media. L'Italia dal politichese alla politica iperreale*

201. Alberto Clô, *Si fa presto a dire nucleare. Riflessioni di un nuclearista non pentito*
202. Lev Gudkov e Victor Zaslavsky, *La Russia da Gorbaciov a Putin*
203. Marcello Dei, *Ragazzi, si copia. A lezione di imbroglio nelle scuole italiane*
204. Christian Caliandro e Pier Luigi Sacco, *Italia Reloaded. Ripartire con la cultura*
205. Antonio Massarutto, *Privati dell'acqua? Tra bene comune e mercato*
206. Andrea Goldstein, *Bric. Brasile, Russia, India, Cina alla guida dell'economia globale*
207. Roberto Cartocci, *Geografia dell'Italia cattolica*
208. Antonio Cassese, *L'esperienza del male. Guerra, tortura, genocidio, terrorismo alla sbarra*
209. Michele Salvati, *Tre pezzi facili sull'Italia. Democrazia, crisi economica, Berlusconi*
210. Franco Garelli, *Religione all'italiana. L'anima del paese messa a nudo*
211. Giuseppe Berta, *Fiat-Chrysler e la deriva dell'Italia industriale*
212. Asher Colombo, *Fuori controllo? Miti e realtà dell'immigrazione in Italia*
213. Daniela Del Boca, Mencarini Letizia e Silvia Pasqua, *Valorizzare le donne conviene*
214. Martha C. Nussbaum, *Creare capacità. Liberarsi dalla dittatura del Pil*
215. Gianluca Passarelli e Dario Tuorto, *Lega & Padania. Storie e luoghi delle camicie verdi*
216. Roberto Balzani, *Cinque anni di solitudine. Memorie inutili di un sindaco*
217. Michele Roccato e Terri Mannarini, *Non nel mio giardino. Prendere sul serio i movimenti Nimby*
218. Carlo Galli, *Abbiccì della cronaca politica*
219. Guy Standing, *Precari. La nuova classe esplosiva*
220. Caterina Malavenda, Carlo Melzi d'Eril e Giulio Enea Vigevani, *Le regole dei giornalisti. Istruzioni per un mestiere pericoloso*
221. Piergiorgio Corbetta e Elisabetta Gualmini, *Il partito di Grillo*
222. Norberto Bottani, *Requiem per la scuola? Ripensare il futuro dell'istruzione*
223. Giulio Sapelli, *Elogio della piccola impresa*